Philip Rawson war viele Jahre Kurator am Gulbenkian-Museum in Durham, das eine bedeutende Sammlung asiatischer Kunst beherbergt, und Organisator einer internationalen Ausstellung tantrischer Kunst, die 1973 auch in Deutschland sehr erfolgreich war.
Heute ist er Dekan am Goldsmith College, das der University of London angeschlossen ist.

So urteilte die Presse über Philip Rawsons Buch:

»... eine sehr ausgewogene und verständliche Einführung ...«
Westermanns Monatshefte

»Es dürfte kaum eine leichtere Möglichkeit geben, sich in eine zunächst unverständliche Geisteswelt zu versetzen: man blättert sie durch wie ein Bilderbuch, staunt, fragt und erhält eine Antwort in Kürze.«
Münchner Merkur

»Rawson gibt in seiner Einleitung einen umfassenden Überblick über diese Philosophie Indiens, die eine jahrtausende alte Kultur hervorgebracht hat.«
Wiesbadener Kurier

Vollständige Taschenbuchausgabe

Titel der Originalausgabe »Tantra – The Indian Cult of Ecstasy«

Aus dem Englischen übersetzt von Dieter Harnack
Umschlaggestaltung Atelier Blaumeiser
Umschlagfoto Claus Hausmann
Reproduktionen Krammer, Linz
Satz Werksatz GmbH, Wolfersdorf
Druck Appl, Wemding
Bindung Klotz, Augsburg
Printed in Germany · 1 · 15 · 981
ISBN 3-426-03663-0

1. Auflage

Philip Rawson: Tantra

Der indische Kult der Ekstase

Mit 198 Abbildungen,
davon 32 in Farbe

Droemer Knaur

Inhalt

Zur Umschrift indischer Wörter

Zur Wiedergabe indischer Wörter (geographische Namen, Eigennamen, Begriffe) wurde bei den bekannteren die Schreibung nach der Aussprache benutzt, die sich in deutschen Lexika und Atlanten findet. Dadurch wird dem Leser, der sich weiter informieren will, das Nachschlagen wesentlich erleichtert. Bei weniger bekannten Wörtern wurde die englische Schreibung, die ja auch in Indien selbst verwendet wird, beibehalten. In beiden Sprachen wird die Länge von Vokalen nicht angegeben. Daneben gibt es noch eine wissenschaftliche Umschrift, die die zahlreichen oft ähnlichen, in der englischen Wiedergabe vielfach zusammenfallenden Laute des Sanskrit-Alphabets exakt kennzeichnet. Insbesondere ist zu merken: deutsch w, y (j), sch, dsch, tsch entspricht englisch v, y, sh, j, ch und in der wissenschaftlichen Umschrift v, y, ś/ṣ, j, c. – *Ch* in Chinnamasta ist *tschh*.

Einführung

Tantra ist ein indischer Kult. Da er sich kontinuierlich seit ältesten Zeiten entwickelt hat, ist er mit keiner der indischen Religionen, die sich später entfalteten, allein verbunden. Hindus, Buddhisten und Dschinisten teilen sich tantrische Gedanken und tantrisches Verhalten. Bereits in den damals von Menschen bewohnten Höhlen des altsteinzeitlichen Europas (etwa 20 000 Jahre vor Christus) findet man Symbole, die ganz genau denen gleichen, die heute noch von Tantrikas verwendet werden. Hunderte von Generationen haben also zur Entwicklung und Verfeinerung von Tantra beigetragen, so daß es heute mit besonderer Reinheit die wesentlichsten Formen symbolischer Ausdrucksmöglichkeiten des Menschen vermittelt. Es wird allgemein anerkannt, daß gerade das seinen Wert für den Menschen der Gegenwart, den Europäer wie den Inder gleichermaßen, ausmacht.

Es wäre falsch, Tantra eine Religion zu nennen. Dieser Begriff hat heutzutage für zu viele Menschen zu viele irreführende Nebenbedeutungen. Tantra ist aber auch kein ›Gedankengebäude‹. Denken im Sinne von gewöhnlichem logischem und praktisch anwendbarem Urteilen ist in tantrischer Sicht einer der Hauptgründe dafür, daß der Mensch enttäuscht wird und sich in dem, was er für seine Welt hält, unglücklich fühlt. So bedient sich Tantra des Handelns. Tantra ist keine Lehre, über die man in Büchern nachlesen kann, obwohl es in der Tat zahllose Sanskrit-Bücher, Tantras genannt, gibt. Das früheste ist ein buddhistischer Text aus dem 6. Jahrhundert nach Christus. Die jüngsten stammen aus dem neunzehnten Jahrhundert. Aber diese Texte bestehen aus Anleitungen zum Handeln, geistiges Handeln eingeschlossen. Das ist der einzige Zweck der Texte. Wenn man nicht ausführt, was das Tantra vorschreibt, wird man niemals begreifen, worum es geht.

Die tantrischen Bilder, die dieses Buch zeigt, sind letztlich dazu bestimmt, gebraucht und nicht nur betrachtet zu werden. Sie sind unleugbar eindrucksvoll, aber das ist nicht alles. Sie dienen ausdrücklich dem Ziel, eine besondere Art geistiger Aktivität anzuregen und psychosomatische Kräfte freizusetzen. Sie werden in Ritualen gebraucht, die Yoga, Opfer, Meditation und sexuelle Vereinigung einschließen, und sie können einen Menschen vollständig verwandeln. Sie stellen sein Leben auf eine neue Grundlage. Anfangs sollten alle Handlungen in möglichst einfacher Form ausgeführt werden, denn nur auf diese Weise können sie die alltägliche und banale Wirklichkeit ersetzen, die so schwer auf allen Menschen lastet. Später, wenn der Tantrika nach langen Jahren der Anstrengung und Aneignung einen hohen Grad der Vervollkommnung erreicht hat, können die Bilder auch nur vorgestellt werden, ohne die Gefahr, zu bloßen Phantasiegebilden abzugleiten. Denn Tantra hat nichts mit Phantasie zu tun. Was es beschreibt und aufzeigt, ist eine reale Welt, die man nur erreichen kann, indem man den Darstellungen folgt. Dann wird man sie finden. Jemand, der sie nicht gefunden hat, kann sie sich nicht vorstellen, denn man kann diese Welt nicht von draußen betrachten. Sie ist das, was wir sind – auch wenn wir dies gewöhnlich nicht verwirklichen –, und wir können niemals aus uns heraustreten, um diese innere Welt analytisch zu betrachten.

Tantra taucht uns in der Tat zu den Wurzeln unserer Identität hinunter. Es erörtert nicht soziale Rollen und zwischenmenschliche Beziehungen, es gibt nicht die eindeutigen oder tröstenden Antworten der dogmatischen Theologien der etablierten Religionen. Tantra sagt: »Wenn du die Dinge tust, die Tantrikas entdeckt haben, wirst du in der Lage sein, die Wahrheit über dich und deine Welt herauszufinden, ebenso unmittelbar, wie du eine Straße erlebst.« Überflüssig zu sagen, daß sich eine totale Veränderung der Persönlichkeit vollzieht, wenn man diese Dinge ausführt und sich in die Lage versetzt, die Wahrheit dieser Aussage zu erfahren. Das erfordert jede Art von Anstrengung – physisch, sexuell, geistig, moralisch. Und gerade auf diese Anstrengungen ist der westliche Mensch nach Erziehung und Tradition nicht vorbereitet. Tantra beruft sich auf Energien im menschlichen Körper und in seiner Welt, die die meisten Menschen im allgemeinen für höchst nutzlose Tätigkeiten und zur ›Erholung‹ verschwenden. Am wichtigsten aber ist, daß Tantra ausdrücklich kultiviert und als Grundlage benutzt, was die meisten Menschen als die ›Vergnügungen des Lebens‹ abtun. Es sagt nicht feierlich: »Du sollst dich aller Genüsse enthalten, dein Fleisch abtöten und den Befehlen eines eifersüchtigen Gottvaters gehorchen.« Es sagt vielmehr: »Treibe dein Vergnügen zur höchstmöglichen Potenz und benutze es dann als einen geistigen Raketentreibsatz.« Das hört sich natürlich gefährlich revolutionär für die Orthodoxen in jeder Religion an. Und dem Orthodoxen ist jeder Tantrika, jeder Anhänger tantrischer Vorstellungen, fürwahr ein unerträglicher Greuel.

Es gibt eine indische Beschreibung, wie ein tantrischer Heiliger einem Außenstehenden erscheint. Er ist so glücklich, daß er schon verrückt zu sein scheint. Er rollt mit seinen Augen, die vom Wein gerötet sind. Er sitzt auf Seidenkissen, von Kunstwerken umgeben, und ißt Schweinefleisch, das scharf gewürzt ist. Zu seiner Linken sitzt ein Mädchen, in allen Liebeskünsten erfahren, mit dem er trinkt und wiederholt ekstatischen Verkehr hat. Er macht mit seiner Vina (einem Saiteninstrument) Musik und singt Gedichte. Das Ganze verbindet er mit Ritualen. Alles, was ein solcher Mann ist und tut, beleidigt aufs heftigste einen konventionell denkenden Menschen. Das ist tatsächlich zu einem Teil, aber nur zu einem Teil, beabsichtigt. Denn der Heilige mußte selbst jede eventuell zurückgebliebene Verbindung zu seinen eigenen konventionellen Einstellungen abbrechen. Was er grundsätzlich tut, ist, alle Energien zu erwecken, die er in seinem Körper, seinen Gefühlen

und seinem Verstand entdecken kann, um sie als Gefährt zu benutzen, das ihn der Erleuchtung näherbringt. Die Erleuchtung ist der Zustand, in dem man die Wahrheit über den Ursprung der Dinge und der Menschen ebenso klar erkennt wie sonst eine Straße. Der Heilige benutzt zu diesem Zweck jedes mögliche Hilfsmittel, jeden denkbaren emotionellen Anstoß und jede Handlung, in der Annahme, daß alles, was man wiederholt tut und was mit sinnlicher und emotioneller Energie geladen ist, einen viel wirkungsvoller als alles andere verändert. Und nur dann ist die Wandlung vollkommen, wenn man unterschiedliche Verhaltensweisen vereinigen kann.
Was ist unter dieser Wandlung zu verstehen? Zunächst einmal ist sie grundsätzlich und umfassend. Tantra hat ein Modell der Entstehung der Welt entwickelt und ihren Mechanismus aufgezeichnet. In dieses Modell hat jede Generation Tantrikas jeweils den modernsten wissenschaftlichen Erkenntnisstand eingearbeitet (wobei zu bedenken ist, daß Indien viele bedeutende Mathematiker und Logiker hervorgebracht hat). Etwas Ähnliches können wir für uns selbst tun. Die wahre Bedeutung des tantrischen Modells liegt darin, daß es zum Kern der Sache vordringt und die Frage nach der Zeit stellt. Die meisten westlichen Philosophien und Theologien haben sich damit begnügt, die Zeit als etwas Gegebenes hinzunehmen, ohne sich tiefer mit dem Problem zu beschäftigen. Tantra hat immer geglaubt, daß unser Unvermögen, das Wesen der Zeit zu begreifen, der Grund für alle menschlichen Fehlschläge ist. Das Wesen der Zeit verstehen heißt, den Prozeß der Schöpfung zu verstehen, die Leiter absteigender Entwicklungsstufen vom Ur-Anfang während der Evolution des Kosmos. Wenn wir dies begreifen, können wir sozusagen den Vorgang umkehren und die Leiter der Schöpfung wieder hinaufsteigen. Diese höchste Erkenntnis zu erreichen, hält Tantra für ein lohnendes Ziel.
Die gängige materialistische wissenschaftliche Auffassung der Zeit, die der westliche Mensch hat, wird durch Zeichnung 1 verdeutlicht. Sie ähnelt dem Blick, den wir haben, wenn wir durch das Rückfenster eines sich bewegenden Autos blicken; wir können nur rückwärts in die Zeit sehen, nicht vorwärts. Die Dinge tauchen aus einer unsichtbaren Zukunft auf und treten in den Rahmen des ›gegenwärtigen Augenblicks‹, der unsere unmittelbare Sinneserfahrung und unser Wissen ist. Im Laufe der Zeit scheinen die Dinge, wenn sie älter werden, sich zum Horizont hin zu bewegen. Es scheint so, als hätten alle Dinge einen Anfang und ein Ende. Nehmen wir an, A sei eine Person, die wir während unseres ganzen Lebens gekannt haben und die gestorben ist. Wir können ihr ganzes Leben vom Anfang bis zum Ende überblicken. Andere Menschen und Dinge wie B befinden sich noch mit uns im Rahmen der Zeit. Einige, wie D, haben in einer längst vergangenen Zeit existiert. Andere, z. B. die Erde, scheinen wie C schon immer dagewesen zu sein. Nach unserer Astronomie entstand die Erde bei dieser Auffassung der

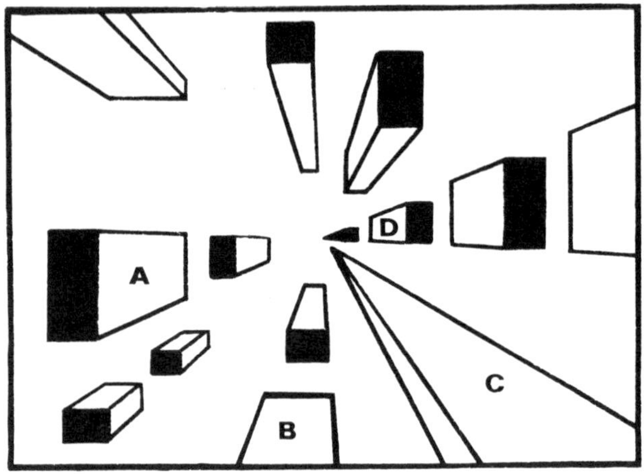

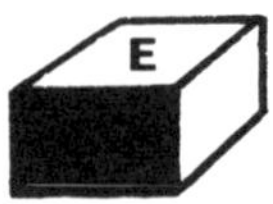

Zeichnung 1 Das alltägliche Bild der Zeit und Geschichte

Zeit zu einem unendlich weit zurückliegenden Zeitpunkt, der der gedachte Schnittpunkt unseres perspektivischen Bildes ist. Einstmals, am Anfang der Welt, befand sich der ›Gegenwarts-Rahmen‹ an diesem Schnittpunkt, und alle späteren Dinge in diesem Rahmen sind miteinander durch Ursache-Wirkungs-Beziehungen verbunden.
Angenommen, der Rahmen gibt tatsächlich die Sinneserfahrung einer Person zum gegenwärtigen Zeitpunkt wieder, so kann sie in Wirklichkeit durch Erfahrung nicht festgestellt haben, wie die Dinge, die auch nur etwas zum Horizont hin liegen, wirklich beschaffen sind. Sie muß sie sich geistig ›vorstellen‹, wobei sie durch wissenschaftliche ›Kenntnisse‹ unterstützt wird. Niemand von uns weiß durch eigene direkte Erfahrung, wie irgendein Augenblick auch der jüngsten Geschichte beschaffen war, wie die Lebensumstände unserer Freunde aussehen, oder ob es gar Dinge gibt, die wir nicht feststellen können. Andererseits vergessen wir selbst schnell, daß wir ebenso wie jeder andere, der seinen eigenen ›Gegenwarts-Rahmen‹ hat und als sich entfernendes Kästchen in der Zeichnung erscheint, für diese wiederum aus der Sicht ihres Rahmens nur ein sich entfernendes Kästchen sind, wie es A darstellt. Denn so werden wir nach unserem Tode für jeden anderen erscheinen. Wenn wir uns jetzt fragen, was wir tatsächlich sehen, wird die scheinbare Realität von A, B, C und D seltsam unwirklich, denn sie besteht

ganz und gar nur in unserem Verstand und aus Erinnerungen, die durch Gespräche, Bücher und Bilder nachgeprüft und verstärkt werden und von denen wir annehmen, daß sie eine zuverlässige Information über Vergangenes liefern. Auf dieser Basis hoffen wir nun vorauszusagen, was sein wird, indem wir annehmen, daß es wahrscheinlich durch eine Kausalkette mit dem verbunden ist, was wir vor uns sehen. Dies stellt das Kästchen E der Zeichnung dar, das sich noch außerhalb des Rahmens befindet und noch nicht in unser Gesichtsfeld getreten ist. Das ganze Bild, das so gegenständlich zu sein scheint, erweist sich als geistige Einbildung, die nur von Bruchstücken dessen, was wir Fakten nennen, gestützt wird. Wirklich kennen wir nur den Inhalt unserer eigenen Erinnerungen. Dennoch glauben wir fest, daß jeder von uns mit seinem eigenen ›Gegenwarts-Rahmen‹ gewissermaßen durch eine Landschaft fährt, die eine gegenständliche Realität ist und die vor unserem Rückfenster auftaucht, ohne daß wir jedoch etwas über die Person erfahren, die sie zu sehen scheint, noch über deren Beziehungen zu ihr.
Tantra betrachtet die Dinge anders. Es stellt sich die Vergangenheit, die voller ›Gegenstände‹ ist, nicht als eine Landschaft vor, durch die sich jeder mit seinem ›Gegenwarts-Rahmen‹ bewegt, sondern als einen Schwanz von Dingen und Ereignissen, der aus dem Mund der Gegenwart ausgespien oder hervorgestoßen wird, so wie die Flammen aus den Triebwerken einer Rakete. In der indischen Mythologie wird dies in einer Ansicht von außen dargestellt, wie sie die Zeichnung 2 zeigt.
Wenn wir jetzt unseren Standpunkt ändern und uns vorstellen, daß wir durch das offene Maul des Ungeheuers (oder der Rakete) schauen, so wie vorher durch das Rückfenster des Autos, dann erhalten wir einen Eindruck von der Vergangenheit und ihrer Welt, der unseren westlichen Vorstellungen nicht unähnlich ist. Das Bild ist mehr oder weniger das gleiche. Die alten, zurückliegenden Dinge scheinen auch weit entfernt zu sein, außerhalb

Zeichnung 2 Das Ungeheuer, das die Zeit und Fruchtbarkeit darstellt

der Reichweite unseres Wissens und unserer Erfahrung. Die Dinge entfernen sich immer noch von uns auf der Straße der Vergangenheit in die Tiefe der Zeit, wie es die Zeichnung 1 darstellt. Der ausschlaggebende Unterschied ist, daß bei diesem neuartigen Bild die Zeit und die Dinge nicht an irgendeinem gedachten Punkt in der Tiefe des Bildes beginnen, sondern von jedem von uns hervorgebracht werden. Unser ›Gegenwarts-Rahmen‹ ist selbst das Maul des Ungeheuers, das die Welt der Erfahrung und des Wissens hervorwürgt. Wir werden in weiter zurückliegenden Dingen niemals den Ursprung oder die Ursache für die Dinge der existierenden Welt finden. Ihr Ursprung liegt in dem Mechanismus, der sie hervorbringt, das heißt in dem psychophysischen Organismus. Und dieser bringt ein Geflecht von Erfahrung und Erinnerung hervor, das Realität heißt. Es ist Teil der Funktion dieses Mechanismus, daß die Realität handgreiflich zu sein scheint, daß sie um uns herum ist, daß sie einen Anfang in einer weit zurückliegenden Zeit haben muß.

Nun kommt die entscheidende tantrische Handlung. Wenn wir dieses neue Bild verstanden haben, dann müssen wir uns umdrehen und zu der Stelle zurückschauen, von der die Realität, die wir erfahren, kommt *(Zeichnungen 3, 4)*. Das ist das wirklich schwierige Vorhaben, auf das man sich vorbereiten und zu dem man sich emporarbeiten muß. Wenn wir das getan haben, werden wir unser Leben mit der klaren Erkenntnis dessen führen, was wirklich vor sich geht. Der Blick zurück in das Maul, das Zeit und Raum ausspeit, wird durch die großen tantrischen Diagramme, besonders das Schri-Yantra *(Zeichnung 4, Tafel 1)*, ausgedrückt. Das Meditieren über sie soll den Geist antreiben, rückwärts zu schauen, den Schöpfungsakt umzukehren und fest auf den andauernden Prozeß des Hervorbringens zu blicken. Das Schlüsselwort dafür ist im Sanskrit *Paravritti*, das ›umwenden und aufwärts bewegen‹ bedeutet. Die Haltung der Ergebenheit und Ehrfurcht, die sich im Ritual des Opferns und der Verehrung symbolischer Bilder ausdrückt, ist im Grunde der Weg, sich dauernd diese Möglichkeit ins Gedächtnis zu rufen.

Jede äußere Wiedergabe solch reiner Erkenntnisakte ist an die Verwendung besonderer bildlicher und symbolischer Mittel gebunden, die viel mehr bedeuten, als es auf den ersten Blick scheint. Denn gewöhnliche Worte beschreiben gewöhnliche Dinge und Situationen und können nicht die ungewöhnlichen Fakten des Tantra ausdrücken. Das Hauptsymbol des Tantra ist Sex. Der Akt ununterbrochener Schöpfung wird durch die Formen der sexuellen Aktivität ausgedrückt, die man sich als von einer Art transzendenter Liebe durchdrungen vorstellt. Die Existenz der Welt wird auf einen dauernden Geburtsvorgang der Yoni (Vulva) des weiblichen Prinzips zurückgeführt, der aus dem beständigen Eindringen des Samens des männlichen Prinzips unter sexueller Lust resultiert. Die Yoni ist das Raketentriebwerk oder Maul des Ungeheuers, das die Welt hervorspeit. Andererseits gäbe es

Zeichnung 3
Das Ungeheuer Zeit

Zeichnung 4
Das Schri-Yantra

weder Welt noch Yoni ohne den Samen, der allen Dingen die Möglichkeit ihrer Existenz, ihr Sein, gibt, der in allem mit eingeschlossen ist, ohne jedoch wahrgenommen werden zu können.

Tantra nimmt auch an, daß der Samen die Yoni hervorbringt. Der Samen wird im Schri-Yantra durch einen zentralen Punkt symbolisch dargestellt. Es ist der Ur-Punkt der Energie, der ›eine Lage, aber keine Ausdehnung‹ hat. Ihm entspricht die weiße Farbe. Er entfaltet seine erste, Leben hervorbringende Bewegung in einem mit der Spitze nach unten zeigenden Dreieck, einer weiblichen Form, das rot ist. Aus diesem Ur-Paar, dem Weißen und dem Roten, entwickelt sich eine Reihe ineinander verwobener Dreiecke, vier männliche (mit der Spitze nach oben) und fünf weibliche (mit der Spitze nach unten). Ihre Durchdringung bringt Kreise kleinerer Dreiecke hervor, die Unterteilungen der schöpferischen Ur-Energien in stärker spezialisierte Kräfte darstellen. Die äußeren Kreise und Ringe aus Lotusblättern symbolisieren die noch unentfaltete Realität der Welt. Alle verschiedenen Phasen des schöpferischen Prozesses scheinen zugleich zu existieren, wenn wir unseren Blick rückwärts wenden, über den Fluß der vorbeigehenden Zeit hinaus.

Ein wichtiger Punkt ist, daß der schöpferische Akt, den das Schri-Yantra symbolisiert, nur Dinge – diese scheinbar festen Gegenstände, die wir kennen – hervorbringt, die auf der untersten Stufe der Entwicklung stehen. Tantra ist der festen Ansicht, daß unser Eindruck, es gäbe Dinge außerhalb unseres Selbst, in Wirklichkeit nur das Ergebnis eines Zusammentreffens von Energiefeldern ist. Ein Regenbogen erscheint nur, wenn Sonnenstrahlen, Vorgänge in der Atmosphäre und die optischen Aktivitäten eines Beobachters in einem bestimmten Raum und zu einer bestimmten Zeit zusammentreffen. So sind nach dem Verständnis des Tantrismus auch alle anderen Gegenstände, wie dicht sie auch seien, etwa Felsen, Planeten und Menschen, so fest mit den menschlichen Vorstellungen von ihnen verwoben, daß man sie nicht voneinander trennen kann. Sie entstehen in der gleichen Weise aus dem Widerstreit und dem Zusammenspiel von Kräften. Und solche Kräfte können nur in zeitlichen Begriffen definiert werden, sie sind Unterfunktionen zeitlicher Vorgänge. Daher heißen im Tantrismus die Hauptgottheiten Mahakala *(Tafel 2)*, die männliche ›Große Zeit‹, und Kali *(Tafel 3)*, die weibliche Verkörperung der Zeit. Diese beiden sind die schöpferischen Funktionen des unvorstellbaren Brahman, des Parasamvit, der ›Höchsten Wahrheit‹, das alles umfaßt und hervorbringt, was im gesamten Universum existiert und in allen Sternensystemen, die ›so zahlreich wie die Sandkörner im Ganges‹ sind.

Der Schöpfungsprozeß, den wir Menschen kennen, wird im Tantrismus durch viele Bilder symbolisiert. Sie spielen eine Rolle in den Ritualen und werden unter dem Gattungsnamen Yantras zusammengefaßt, womit jeder

Gegenstand gemeint ist, der einen Symbolgehalt hat. Yantras empfangen Verehrung, das heißt, sie konzentrieren die Vorstellungen und die Gefühle des Tantrika und stellen für ihn Stufen der Schöpfung in der Zeit dar. Die meisten verwenden einen sexuellen Symbolismus, viele eine Menschengestalt. Dies liegt daran, daß der menschliche Körper durch die Aussagekraft seiner Formen, seine Gestik und seine Ausdruckssprache Erkenntnisse innerer Zustände vermittelt, mit denen sich ein Tantrika, Mann wie Frau, identifizieren kann. Wenn wir erkennen, daß alle Universen in der Zeit durch psychosomatische Kräfte hervorgebracht werden, dann können wir diese Kräfte durch Bilder von Männern und Frauen darstellen, die von ihnen beherrscht werden. Aber Tantra-Kunst verwendet auch eine Vielzahl extrem verfeinerter Yantra-Diagramme *(Tafeln 4–6)*. Sie als abstrakt zu bezeichnen, wäre zu einfach. Diese symbolischen Darstellungen beziehen sich auf etwas Dichteres und Realeres als die alltägliche Welt. Sie vermitteln Energie-Realitäten, die so umfassend und erregend sind, daß sie die Grenzen der gewöhnlichen Gegenstände unserer alltäglichen Erfahrung weit überschreiten. Das Schri-Yantra ist das bedeutendste und komplexeste dieser Symbole. Es hat viele Unterteilungen, und weniger bedeutende Diagramme stellen die einzelnen Kräfte dar, die im Schri-Yantra zusammengefaßt sind. Alle jedoch werden als aktiv und im Wesen weiblich aufgefaßt.

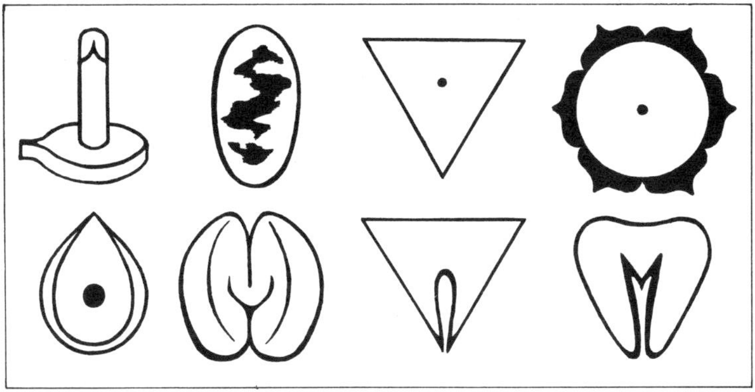

Zeichnung 5 Stilisierte Symbole des weiblichen Geschlechtsorgans, mit und ohne männlichem Glied

Die Zeichnung 5 zeigt einige der wichtigsten tantrischen Symbole, von links nach rechts aneinandergereiht. Sie beginnt mit dem Lingam, dem männlichen Glied, Symbol des männlichen Samens des Seins. Als Zeichen des Schöpfungsaktes wird es von einer Yoni, der weiblichen Vulva, umgeben dargestellt, dem Organ, das die Welt und die Zeit hervorbringt. In der Auf-

sicht erscheint das Lingam als Kreis oder Punkt, entweder von einer vulvaähnlichen Form oder einem weiblichen Dreieck umgeben. Ein anderes Bild zeigt das Lingam als eiähnliches Gebilde, mit roten Blitzen auf der Oberfläche *(Tafel 9)*. Dies ist die erste Stufe der Unterscheidung auf dem Wege der Schöpfung der sich ausdehnenden Zeit *(Tafel 8)*.
Vom rein menschlichen Standpunkt aus kommt Tantra zu der Überzeugung, daß der Mensch am stärksten dem weiblichen Aspekt der Schöpfung verbunden ist. Das Männliche scheint in gewissem Sinne unfaßbar und entrückt, während das Weibliche, die Göttin der Zeit, ununterbrochen etwas durch uns oder für uns hervorbringt. Wohin wir uns wenden, begegnen wir ihr, wie sie uns als zeitgebundenes Wesen erzeugt. Daher konzentriert Tantra seine Aufmerksamkeit und seine Meditation auf das Weibliche als der direktesten Annäherung an die Erkenntnis der Wahrheit. Tantra verwendet zahlreiche Symbole des Weiblichen: die Lotusblüte, die eigenartige natürliche Form der Seychellen-Kokosnuß, die dem weiblichen Geschlechtsteil ähnelt *(Tafel 12)*, Höhlen und natürliche Spalten, Löcher in Steinen und Bäumen, mit der Spitze nach unten zeigende Dreiecke und Bilder, die die weibliche Vulva selbst zeigen *(Tafeln 7, 10, 11)*.
Am häufigsten konzentriert Tantra seine Verehrung auf ein Bild der Göttin aus Holz, Stein, Metall oder Teig, das sie als wunderschönes Mädchen zeigt. Sie tanzt in den Verzückungen der Liebe, läßt ihr Haar herunterfallen, was die Ausbreitung der Welten symbolisiert, und bindet es wieder zusammen, die Welten gehen ihrem Ende entgegen. Jeder Tantrika wird von diesem strahlenden und faszinierenden Bild dauernd und vollständig in Anspruch genommen. Jede Frau scheint es ihm widerzuspiegeln. Aber für ihn personifiziert die Frau nicht die Göttin, sondern die Göttin erscheint in der Frau. Der Reiz dieses inneren Bildes ist für ihn viel stärker als die wirkliche Frau. Die Rechtfertigung für jedes künstliche Bild der Göttin, das in der tantrischen Verehrung verwendet wird, ist, daß es die Intensität des inneren Bildes verstärkt. Es wird niemals den Geist an die bloß materiellen Formen binden. Daher spielen Frauen im Tantra eine entscheidende Rolle. Sie sind Trägerinnen der weiblichen Energie, die in der tantrischen Vorstellungswelt eine zentrale Stellung einnimmt. In der rituellen Praxis kann der männliche Tantrika nur Fortschritte durch die Zusammenarbeit mit Frauen machen. Mann und Frau müssen sich beständig vervollkommnen und einander ergänzen. Nur nach langer Erfahrung im gegenseitigen Austausch kann jeder allein die vollständigen tantrischen Rituale ausführen. Dennoch ist jeder gewöhnliche menschliche Liebesakt in der Tat ein Schatten des kunstvollen göttlichen, und je vollkommener er ausgeführt wird, um so näher kommt er dem göttlichen Ur-Akt.
Die liebende Göttin der Schöpfung hat ein zweites Gesicht. So wie sie den Menschen in die Zeit und in seine Welt bringt, so entfernt sie ihn auch wie-

der aus ihr. Sie ist daher auch seine Zerstörerin. Alles, was verkrüppelt und tötet – Krankheit, Hungersnot, Gewalttätigkeit und Krieg –, ist ein unvermeidbarer Aspekt ihrer Tätigkeit, vom Standpunkt des Menschen als Opfer betrachtet. Niemand kann ein erfolgreicher Tantrika sein, der nicht dieser Realität ins Gesicht gesehen und sie seinem Bild von der Natur der Göttin einverleibt hat. Daher zeigen viele tantrische Bilder die Göttin als die schwarzgesichtige und schreckliche Kali, mit heraushängender Zunge, aus ihrem mit Fangzähnen besetzten Mund tropft Blut *(Tafel 15)*. Sie ist abstoßend, aber man muß sie nicht weniger lieben.

Es gibt zahlreiche, auch sexuelle Rituale, die zwischen Leichnamen auf wirklichen (oder symbolischen) Verbrennungsstätten ausgeführt werden und die den Tantrika gewaltsam mit diesem Aspekt vertraut machen. Hier, im roten Licht der Scheiterhaufen, wo Schakale und Krähen die Knochen der nicht vollständig Verbrannten zermalmen und verstreuen, wird er mit der Auflösung alles dessen konfrontiert, was er im Leben liebt.

Der Schöpfungsprozeß kann auf verschiedene Weise dargestellt werden. Das Schri-Yantra betrachtet ihn von oben in der Aufsicht. Aber es ist auch möglich, ihn gewissermaßen in der Seitenansicht wiederzugeben. Der Schöpfungsprozeß ist dann ein Abstieg vom Zustand der Vollkommenheit.

Dies ist eine mehr philosophische und stärker begriffliche Sicht, denn um sie sich zu eigen zu machen, müssen wir in unserer Vorstellung einen Schritt zurücktreten, um den Schöpfungsprozeß beobachten zu können, als wäre er von uns getrennt, was er aber nicht ist. Da jedoch Tantra-Philosophie niemals nur abstrakt ist, wird auch dieser philosophische Gegenstand in menschlich-erotischen Bildern beschrieben, so daß die Berührung mit der menschlichen Erfahrung nicht verlorengeht. In der Zeichnung 6, oben, innerhalb des Bogens über dem Augenpaar, befinden sich das männliche und das weibliche Prinzip, Schiwa (männliche) und Schakti (weibliche Energie). Schakti wurde von Schiwa als erste Stufe der Schöpfung hervorgebracht *(Tafel 19)*. Dieses Bild entspricht dem Punkt und dem nach unten zeigenden Dreieck des Yantra-Diagramms *(Zeichnung 4; Tafel 1)*. Das Paar ist so fest vereint, daß keiner den anderen als getrennt empfindet. Schiwa, das Prinzip des Selbst und der vollkommenen Identität, herrscht vor. Schakti hat immer noch ›ihre Augen geschlossen‹, in vollkommener Seligkeit, denn sie ist noch nicht zum Zustand der Trennung erwacht. Das Paar unterhalb der Augen (deren Bedeutung später erklärt wird) verdeutlicht die nächste Stufe. Das Paar ist zwar immer noch vereint, aber Schakti hat ihre Augen geöffnet. Sie ist nun im ersten Stadium der Trennung. Das Schiwa-Selbst, das Subjekt, wird mit einem getrennten, aktiven Objekt ›beschenkt‹ (tatsächlich hat es sich selbst beschenkt), einem ›Jenes‹, das vom ›Ich‹ unterschieden ist. Die beiden sehen einander an. Aber Tatsache ist, daß diese und alle folgenden

Trennungen ein Werk der Schakti sind, die allein zu diesem Zweck hervorgebracht wurde.
Auf der nächsten Stufe abwärts löst sich das Paar aus der Vereinigung in getrennte Partner. Allein ihre gegenseitige sexuelle Anziehung erinnert sie daran, daß sie zusammengehören, daß Selbst und Welt nur einander ergänzende Aspekte derselben Realität sind. Und nun kann Schakti wirklich mit ihrer Aufgabe beginnen. Sie wird auf der nächsttieferen Stufe die wunderschöne Tänzerin, deren Tanz das Gewebe der Welt webt. Die Muster des Tanzes sind weder reine Illusion noch sind sie wirklich im Sinne unabhängiger Fakten. Das Selbst ist so fasziniert von ihrem Tanz, daß es meint, alle möglichen verschiedenen Dinge zu sehen, die jedoch nur Bewegungen und Gesten der Schakti sind. Besonders bedeutend ist, daß das Selbst zu denken beginnt, es sei nicht eins, sondern mehrere, männlich und weiblich. Die verwirrende Ordnung unendlich vieler getrennter Fakten, die die Gesamtheit aller Dinge bilden und nach denen wir greifen können, wird unserem Selbst durch unseren Geist und unseren Körper ›geschenkt‹. Es ist ein psychosomatischer Mechanismus, durch den wir dies erfahren. Auch das ist ein Teil der Aktivität der Göttin, die, wie wir gesehen haben, durch ihren fruchtbaren Schoß symbolisch dargestellt werden kann.
Alle Dinge, die wir, wie wir uns vorstellen, im Laufe der Zeit erfahren, der ganze Ablauf unseres individuellen Lebens in dem ungeheuren Universum, werden für uns durch diesen Tanz und durch diesen Schoß hervorgebracht, der, wenn wir es nur zur Kenntnis nähmen, nicht von uns verschieden ist. Alle unsere geistigen Gaben und Sinnesorgane mit all den Eigenschaften, die sie wahrnehmen und ordnen, sind Kanäle für jene Energie, die auf Trennung und Unterscheidung hinarbeitet und die Schakti darstellt. Philosophisch ist diese Lehre die umfassendste ganzheitliche Schau, die Gedanken zum Abschluß bringt, die viele unserer Wissenschaften nahelegen: daß Ganzheiten nicht Zusammenfassungen kleinerer Teile sind – Glieder, Organe, Elemente, Atome –, sondern daß Ganzheiten zuerst kommen und ihre Teile her-

Zeichnung 6

Die allumfassende Ganzheit der Realität
Die Realität ist in ein sexuelles Paar geteilt, Schiwa und Schakti. In beiden liegend Mensch und Welt. Sie sind so tief vereint, daß sie ihrer Unterschiede noch nicht gewahr sind und sich jenseits der Zeit befinden

Das sexuelle Paar wird seiner Unterschiede gewahr

Das weibliche Objekt trennt sich vom männlichen Subjekt

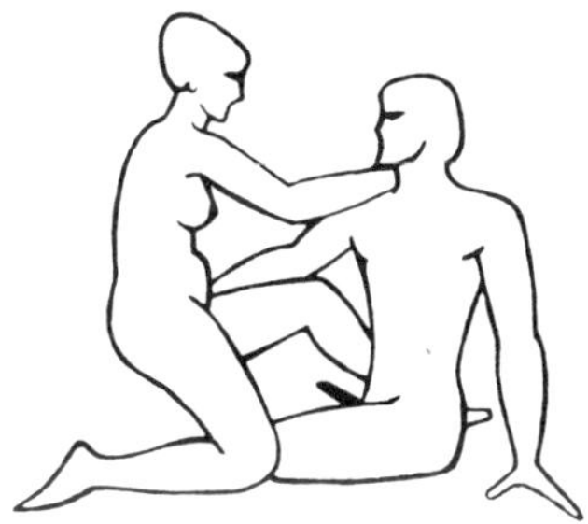

Das weibliche Objekt führt seinen Tanz der Illusion auf. Das männliche Subjekt bildet sich ein, es wäre nicht eins, sondern mehrere. Das Objekt gebiert aus seinem Schoß die Welt der vielfachen Dinge und den Ablauf der Zeit

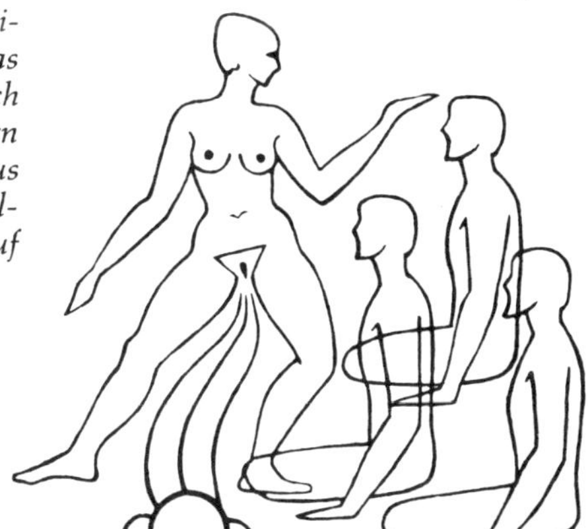

Menschen nehmen eine sich von ihnen unterscheidende Realität wahr, die aus tatsächlich vorhandenen, voneinander getrennten Teilen zusammengesetzt zu sein scheint, und führen ein Leben, das einen Anfang und ein Ende hat

vorbringen. Alle Ursachen liegen in den Ganzheiten und nicht in den zufälligen Beziehungen zwischen untergeordneten Teilen. Wenn die Zeit in dieses ganzheitliche Bild mit einbezogen wird, dann wird die Beschreibung der höchsten Ganzheiten dem Wesen nach zur Definition der tantrischen Erleuchtung.

Die Zeichnung 6 stellt den tantrischen Schöpfungsmechanismus dar. Wenn wir in umgekehrter Reihenfolge vorgehen, können wir ›rückwärts hinaufsteigen‹ zur Erkenntnis der ›Ganzen Wahrheit‹. Das lebendige Verbindungsglied ist der menschliche Körper mit seinen Empfindungen und Erfahrungswelten. Denn allen verschiedenen Stufen, die in der Zeichnung dargestellt sind, entsprechen Fähigkeiten unseres eigenen Körpers. Man kann daher bildlich gesprochen sagen, daß das ganze Universum im menschlichen Körper enthalten ist. Aber das ist etwas, was nur durch eine Art Erkenntnisblitz erfahren werden kann. Die indische Tradition kennt viele Gelegenheiten, bei denen sich Götter oder Göttinnen in ihrer kosmischen Form gezeigt haben, wobei sie alle Sterne, Universen, Welten und Lebewesen bis zu den kleinsten in ihrem Körper enthielten. Das wird in der Tantra-Kunst oft dargestellt, besonders bei Krischna als Gottheit *(Tafeln 23, 48)*. Aber wie für die Gottheiten, so trifft dies auch für den menschlichen Körper zu.

Nach indischer Vorstellung wird der menschliche Körper immer so dargestellt, als wüchse er wie eine Pflanze aus dem ›Boden‹ des Transzendenten, des höchsten Brahman, der Wahrheit *(Tafel 21)*. Und so wie die Lebenssäfte einer Pflanze von außen durch die Wurzel aufgenommen und über Adern und Kanäle verteilt werden, so geschieht es mit den schöpferischen Energien im menschlichen Körper. Nur daß die Wurzel der ›Pflanze Mensch‹ nicht unten, sondern oben ist, direkt an der höchsten Stelle des Schädels, über der Wirbelsäule. Die nährende und verwirrende Energie fließt an dieser Stelle aus dem Transzendenten in den Menschen hinein. Sie verbreitet sich durch die Kanäle des menschlichen Körpers und dringt bis in die äußersten Spitzen der Sinne und noch weiter nach draußen, um den Raum außerhalb des Körpers zu schaffen, den jeder Mensch zu bewohnen glaubt. Dieses System von Adern und Kanälen wird der ›Fein-Körper‹ genannt und ist die Grundlage aller tantrischen Verehrung und des tantrischen Yoga. Die unterschiedlichen Stufen der Trennung zwischen Schiwa und Schakti, die die Zeichnung 6 zeigt, finden sich in den verschiedenen Ebenen dieses ›Fein-Körpers‹ wieder *(Zeichnung 7)*. Das deuten auch die Augen in Zeichnung 6 an. Es sind die Augen eines jeden Menschen. Der Bogen ist das Schädeldach, durch das er mit dem Transzendenten verbunden ist.

Nun kommt ein weiterer wichtiger Punkt. In Indien ist allgemein die Auffassung verbreitet, daß der Weg zurück zur Ganzheit der Wahrheit nur über die gewaltsame Unterdrückung aller Fähigkeiten des Körpers und des Geistes durch Askese und Willensanstrengung führt. Denn diese Fähigkeiten spannen den Menschen in den Prozeß ein, der das Trugbild getrennter Personen in getrennten Welten hervorbringt. Tantra hält diesen mühsamen Kampf für völlig absurd. Es behauptet im Gegenteil, daß alle Fähigkeiten, wie Sinne, Gefühle und Verstand, verstärkt und zu ihrer höchstmöglichen Entfaltung gebracht werden sollten, damit die Fülle der Erinnerungen und Reaktionen eines Menschen geweckt würde und zu der reinen Energie zurückverwandelt werden könne, aus der alles kommt. Gefühle und Vergnügungen werden so zu dem Rohmaterial, das die Verwandlung zurück zur Erleuchtung ermöglicht. Daß dies sehr schwer zu erreichen ist, sieht jeder ein. Leider ist es allzu bequem, schöpferische Energie in sinnloser Zügellosigkeit zu verschwenden, die zu keiner Verwandlung führt.

Wie ist diese Zurückverwandlung möglich? Es gibt zahlreiche sich überschneidende Techniken, die auch alle zusammen gebraucht werden können. Alle beinhalten das Nachvollziehen der verschiedenen Stufen des Schöpfungsvorganges. Alle gründen sich auf Realität und nicht auf Phantasie. So ist zum Beispiel die sexuelle Vereinigung eine Möglichkeit, den Prozeß, den Zeichnung 6 darstellt, wieder umzudrehen. Hat man einen menschlichen Partner, der die eigenen geistigen Ziele teilt, so kann man unter sorgfältiger Beachtung bestimmter Riten den gewöhnlichen Mann und die gewöhnliche Frau in Personifikationen des Schiwa und der Schakti verwandeln; dann wird ihre Vereinigung vollzogen. Die sexuelle Vereinigung wird enorm verlängert und erreicht über verschiedene Stufen den Punkt, wo die Identität beider Menschen miteinander verschmilzt und beide den Zustand vor der Trennung erfahren. Es ist eine unvergleichliche Freude, die Freude des Seins vor und jenseits der Schöpfung. Das Bild des Paares, das in Yogahaltung während der sexuellen Vereinigung dasitzt, wird in der tantrisch-buddhistischen Kunst Tibets als allgemeinstes Symbol geistiger Erfüllung verwendet *(Tafel 42)*.

Die allgemeinste Technik der Verwandlung nutzt die indische Sitte des täglichen Opfers vor einem Bild der Gottheit. Das ist wiederholt so mißverstanden worden, daß es erklärt werden muß. Viele Dinge, die in diesem Buch abgebildet sind, sind Bilder, denen diese Art Verehrung zuteil wurde. Bei der Opferhandlung identifiziert der Tantrika sein eigenes Selbst mit dem Abbild, indem er das Selbst auf es konzentriert. Die Opfergaben – Blumen, Kerzen, Glocken, Räucherwerk, Speisen – sind Symbole der fünf Sinne. Man wäscht das Bild, färbt es mit entsprechendem Pulver und hängt ihm Blumengirlanden um wie einem geschätzten Gast. Man verehrt natürlich nicht einen toten Gegenstand, sondern das Wesen des Bildes, das man im Hause und in sich willkommen heißt. Im Laufe eines langen Rituals kann ein Tantrika eine ganze Reihe verschiedener, aber in sich verwandter Bilder aufstellen und durch Opfergaben verehren. Eins der Bilder kann sogar ein lebendes Mädchen sein, in das die wirkliche ›Ganzheit‹ der Göttin hinabsteigt. Andere sind Yantra-Diagramme, die bereits erwähnt wurden *(Seite 15; Tafel 30)*. Einige Bilder sind aus dauerhaftem Material, andere werden aus Schlamm oder Papier verfertigt und nach Benutzung zerstört. So wird jeder Mißdeutung der ungegenständlichen Natur und der wahren Bedeutung des Abbildes vorgebeugt. Aber häufig glaubt man, daß Abbilder, die längere Zeit oder von besonders weit fortgeschrittenen tantrischen Meistern (Gurus) benutzt werden, besondere Macht erhalten.

Einer der wichtigsten Züge des Tantrismus ist die Verwendung von Mantras. Mantras sind einzelne oder aneinandergereihte Silben, meistens ohne einleuchtende Bedeutung. Sie enden mit dem nasalen Brumm-Laut m, manchmal auch mit k oder t. Nur einige ältere Mantras haben tatsächlich auch eine Bedeutung als Wort. Ein bedeutender tantrischer Mantra ist ›Om Klim Strim‹, aber es gibt Hunderte andere. Sie sind die Samen-Formen bestimmter Energien, die der Tantrika kennt, die nicht mit irdischen Dingen gleichgesetzt werden, wohl aber mit bestimmten Aspekten der Götter. Mantras werden während tantrischer Rituale dauernd benutzt, sie werden in verschiedenen Kombinationen und zusammen mit anderen Texten geflüstert oder gesungen und bilden Schwingungsmuster, die die Energie, die sie repräsentieren, an diesem Ort und zu dieser Zeit verdichten. Man muß lernen, sie richtig auszusprechen wie auch ihre Bedeutung zu aktivieren. Sie werden in Sanskrit-Buchstaben auf rituelle Gegenstände geschrieben oder in den freien Raum von Yantra-Diagrammen. Sie bilden selbst Yantras *(Tafel 6)*, oder sie werden auf den Körper eines Tantrika gestempelt. Man glaubt, daß sie den Raum und die Zeit um einen Tantrika mit Energiekernen ausfüllen, die er beherrschen kann. Ebenso sind sie die ›Fein-Formen‹ der Energiefelder, deren Interferenzmuster im menschlichen Bewußtsein die Erscheinung der Dinge in der Welt hervorrufen. Diese Auffassung von ›Energiefeldern‹ ist zentral und grundlegend für alle tantrische Aktivität. Das heilige Sanskrit-Alphabet, mit dem die Namen aller Dinge geschrieben werden, ist selbst der Behälter, der alle Mantras in sich trägt *(Tafel 28)*.

Yoga ist eine weitere höchst bedeutsame Technik der Verwandlung. In Indien kennt man verschiedene Arten von Yoga. Der Yoga, der im Tantra benutzt wird, beruht mehr oder weniger auf Hatha-Yoga, allerdings mit einer zusätzlichen Dimension. Die Körperhaltungen, Muskelanspannungen und Formen des Drucks, die den Hatha-Yoga bilden, sind ausdrücklich dazu erdacht, auf den inneren Mechanismus des menschlichen ›Fein-Körpers‹ einzuwirken, der später beschrieben wird. Es ist klar, daß die Ausübung von Hatha-Yoga ohne die Absicht der inneren Einwirkung auf den ›Fein-Körper‹ aus tantrischer Sicht eine sinnlose Übung ist, auch wenn sie der Gesundheit und Widerstandskraft des äußeren Körpers förderlich ist. Jeder, der Hatha-Yoga ausübt oder seine Texte kennt, stellt leicht die Beziehungen zwischen den Zügen, Drehungen, Anspannungen und Druckformen und den Zentren des ›Fein-Körpers‹ fest. Die zusätzliche Dimension im tantrischen Yoga ergibt sich aus den Körperhaltungen während der sexuellen Vereinigung *(Tafel 33)*. Diese dienen sowohl dazu, die körperlichen Empfindungen zu steigern wie auch dazu, diese in ein Gefährt für die seligmachende Einsicht in die Einheit zu verwandeln. Sie werden nur durch Übung mit einem Partner gelernt unter der Anleitung eines Lehrers. Allerdings kann in der Praxis ein Partner der Lehrer sein; sehr oft ist es die Frau.

Dies führt uns zu einer der interessantesten Ansichten im Tantrismus. Er kennt unzählige Geschichten über die Art der Initiation seiner berühmtesten männlichen Heiligen. Die wichtigste Episode in diesen Geschichten ist gewöhnlich die rituelle sexuelle Vereinigung mit einem weiblichen ›Kraft-Besitzer‹, deren Gunst der zu Initiierende gewinnen muß *(Tafel 64)*. Dies ist eines der urtümlichsten Elemente im Tantrismus, denn die Vorstellung, daß nicht nur die Initiation, sondern auch die Fähigkeit, das tantrische Ziel zu erreichen, nur über eine Reihe weiblicher ›Kraft-Besitzer‹ vermittelt werden kann, wurzelt sicher in den ältesten Schichten religiöser Vorstellungen der Menschheit. Die modernen indischen Religionen sind alle streng männerorientiert. Viele konventionellere Deutungen des Tantra in Texten, die hinduistische und buddhistische Interpreten bearbeitet haben, spielen diese zentrale Rolle der Frau herab. Aber die Geschichte ist voller Beispiele tantrischer Heiliger, Dichter und Weiser, die wirklich gelebt haben und großen Wert auf ihre Beziehung zu einer ganz bestimmten Frau legten, deren Zauber sie weit voranbrachte und die für sie die treibende Kraft ihrer Erleuchtung wurde. Solche Frauen stammten gewöhnlich aus einer niederen Kaste, oder sie übten wechselnden sexuellen Verkehr und sexuelle Riten aus, wie etwa Tempeltänzerinnen oder Prostituierte. Der Kontakt allein mit einer dieser Frauen würde nach indischen Begriffen der Kastenreinheit schon beschmutzen und den Tantrika außerhalb der Grenzen der angesehenen Gesellschaft stellen. Das aber wird beabsichtigt. Denn Tantra fordert, daß jede Verbindung mit der alltäglichen, konventionellen Welt gelöst werden muß, wenn man die Erleuchtung erlangen will; und die Vorstellung, daß man ›gut und angesehen‹ sei, ist eines der gefährlichsten und hinterhältigsten Bande an die Welt. Tantra praktizieren heißt außerhalb der Gesellschaft leben.

Der kraftvollste sexuelle Ritus des Nachvollzugs der Einheit verlangt die Vereinigung mit dem weiblichen Partner während der Menstruation, da dann die ›rote‹ sexuelle Energie auf dem Höhepunkt ist. Am wirkungsvollsten wird dieser Ritus auf einer Verbrennungsstätte zwischen den Leichnamen und brennenden Scheiterhaufen ausgeführt. Daher wird auch in der Kunst der weibliche Partner oder Initiator gewöhnlich rot dargestellt. Die Überlieferung unterscheidet sich in einem weiteren Punkt. Die Vertreter einer wahrscheinlich älteren Richtung sind der Auffassung, daß der weiße männliche Samen schließlich in die weibliche Yoni ejakuliert werden sollte, so als wäre es die Opferung heiligen Öls, das in das Feuer auf einem Altar gegossen wird. Denn der körperliche Orgasmus beider Partner wird in der weit größeren Ekstase, die die ausgefeilten Yoga-Praktiken bewirken, aufgezehrt und verwandelt wie das Öl im Feuer auf dem Altar. Andere, im indischen Sinne mehr orthodoxe Richtungen meinen, daß der Orgasmus völlig unterbleiben müsse und daß die Energie, die in ihm verschwendet worden wäre, zurückgehalten und völlig zu einem strahlenden inneren Zustand sublimiert werden müsse.

Das berühmteste tantrische Ritual sind die verschiedenen Riten des Tschakrapudscha. Dies ist eine Art in die Länge gezogener Eucharistie, die nachts von einigen Paaren, verheiratet oder auch nicht, ausgeführt wird, die zeremoniell die fünf Freuden genießen, die normalerweise in der hochkastigen Gesellschaft verboten sind: Fleisch, Alkohol, Fisch, eine bestimmte Art Getreide und die sexuelle Vereinigung *(Tafel 35)*. Letztere kann mit mehreren verschiedenen Partnern, dem eigenen oder einem blindlings ausgewählten vollzogen werden. Wieder geht es darum, außergewöhnliche Energien zu erwecken und zu beherrschen. Es muß noch erwähnt werden, daß eines der ältesten und kraftvollsten Symbole der kosmischen schöpferischen und sexuellen Energie, das auch in vielen tantrischen Kunstwerken vorkommt, die Schlange ist *(Tafeln 39, 40)*.

Alles dies trägt zur Erklärung bei, was hinter der Beschreibung des glücklichen Tantrika, die vorher gegeben wurde, steckt. Ein Charakteristikum muß noch erklärt werden: die Bedeutung der Musik und Kunst. In Indien hat allein der Tantrismus rein ästhetische Erfahrung in sein religiöses System aufgenommen. Es gibt natürlich viele Zweige nichttantrischer Kunst in Indien. Aber Tantra pflegt die ästhetische Erfahrung um ihrer selbst willen, in der Annahme, daß alle aufgestauten Reaktionen des Körpers, seien sie sinnlicher, gefühlsmäßiger oder geistiger Art, die durch Kunst erweckt werden, Nahrung für die tantrische Flamme sind. Indische Kunst ist in jedem Fall stark sinnlich, und Tantra setzt die aufregende Schönheit erotischer Tempelskulpturen *(Tafel 36)* und die Miniaturmalereien der Liebesaffären Krischnas aus der Radschputen-Zeit *(Tafeln 45–47)* für seine eigenen Zwecke ein. Es gibt tantrische Texte, die von der herrlichen Gottesinkarnation Krischna handeln, dem blauhäutigen Kuhhirten, in den sich alle Frauen seines Stammes hoffnungslos verlieben, besonders Radha. Indische Dichtung, Gesänge und Kunst halten sich ausführlich bei den körperlichen Einzelheiten und Nuancen ihrer Leidenschaft auf. Tantra hält sie für faszinierende Werkzeuge der großen Göttin, die diese ihre Verwandlung in Krischna und Radha dazu benutzt, einen Abglanz der kosmischen Ekstase denen zu vermitteln, die die körperliche Liebe bevorzugen oder deren Interessen der Kunst und Musik gelten.

Die zentrale Vorstellung des gesamten Systems des Tantrismus ist der ›Fein-

Körper‹, der Mechanismus von Energien, die, wie wir bereits gesehen haben, beim Schöpfungsprozeß die Welt hervorgebracht haben. Methoden, diesen Prozeß rückwärts laufen zu lassen, wurden bereits erwähnt. Aber die Bahnen, durch die diese Energien wirken, bilden die Struktur des inneren Körpers. Durch eine genaue Karte können Knotenpunkte und Ströme dargestellt werden, die durch den psychosomatischen Organismus des Menschen fließen. Eine Frage wird jeder sofort stellen: Soll man sich diesen ›Fein-Körper‹ als ›wirklich‹ vorstellen? Die tantrische Antwort lautet: Wenn man unter ›wirklich‹ versteht, zur Welt der äußeren objektiven Tatsachen gehörend, nein; er liegt über allen diesen Tatsachen und ist in einem entscheidenden Sinne realer als diese. Er wird nur als eine innere Erfahrung entdeckt, so wie der Geschmack einer Zitrone, und zwar von jedem, der auch nur eine bescheidene Anstrengung unternimmt, seine Aufmerksamkeit auf sein Inneres zu konzentrieren. Wenn man nicht einen Menschen kennt, der diese Erfahrung hat, kann man über den inneren Körper, den ›Fein-Körper‹, nur vage und unbestimmt sprechen. Das ist auch alles, was wir hier tun können.

Da sie von einer nicht greifbaren, einer inneren Erfahrung handeln, unterscheiden sich die Beschreibungen in den verschiedenen Texten leicht. Hinduistisches und buddhistisches Tantra stimmen prinzipiell im Muster dieses ›Fein-Körpers‹ überein, sie unterscheiden sich nur in einigen Beziehungen, die aber weniger bedeutend sind, als es auf den ersten Blick scheint. In Nepal waren während der letzten Jahrhunderte hinduistische und buddhistische Überlieferungen glücklich vereint. Dort beginnt der Tantrika, der sich zur Ausführung seines Rituals und des Yoga hinsetzt, damit, sich im Zentrum seiner eigenen Welt niederzulassen. Er stellt sich zuerst die Erde mit ihren Kontinenten und Meeren als eine gewaltige flache Scheibe – ein Mandala – vor, die sich um eine riesige, im Zentrum gelegene Bergspitze, den mythischen Berg Meru, ausdehnt. Diese Bergspitze gleicht einem der hohen Gipfel des Himalaya. Um diese Scheibe ordnet er die kreisenden Bahnen der Planeten und die sich drehenden Konstellationen der Sterne an, eventuell stellt er sie sich auch in der Gestalt anthropomorpher Gottheiten vor. Ihm ist der Himmel, der dem Menschen die Zeitrechnung ermöglicht, eine wesentliche Funktion der schöpferischen Kraft, an der er Anteil hat. Wenn er den Himmel in seiner Vorstellung überblickt, kann er seinem Verstand ein Gefühl der Unermeßlichkeit dessen vermitteln, das er anbetet und das er ist. Jeder Tantrika hat ein tiefes Interesse an Astronomie und Astrologie und beschäftigt sich regelmäßig mit Tabellen der wichtigen Ereignisse in seinem Leben. Viele tantrische Kunstwerke beziehen sich auf diese ganz wesentliche erste Phase des Zeremoniells und schaffen damit die Grundlage für die bildlichen Vorstellungen des Tantrika *(Tafeln 4, 5, 30)*.

In der nächsten Phase identifiziert der Tantrika die innere zentrale Säule, die sich in seiner Wirbelsäule befindet und Suschumna genannt wird, mit der

Mittelachse des Berges Meru. So erfährt er sich selbst als das Zentrum, um das sich seine ganze äußere Welt dreht. Kosmos und Mensch sind gleichgesetzt. Die Zentren aller Menschen sind innerlich also identisch. Unterstützt durch weitere Diagramme geht der Tantrika dann daran, die Welt in ihre einzelnen Energien zu zerlegen und erkennt, daß sie aus ihm selbst in die Welt hinausströmen. Er konzentriert sich nun auf den untersten seiner ›Kreise‹ (Tschakras) oder ›Lotusblüten‹ in seinem ›Fein-Energiekörper‹. Im groben entspricht ihre Anlage dem Darstellungsmuster der Zeichnung 6. Eine ganze Reihe dieser Lotusblüten ist übereinander an dem strahlenden Faden der Suschumna angeordnet *(Tafeln 53, 55)*. Alle sind Mandalas unterschiedlicher Art. Gewöhnlich sind es sechs, ein siebentes befindet sich an der höchsten Stelle des Schädels, wo die Verbindungsstelle zum Transzendenten ist. Einige Überlieferungen stellen sich weitere jenseits des Kopfes vor, die sich in verschiedene Ebenen des Transzendenten hinein auftürmen. Ein Paar ›Fein-Kanäle‹, männlich und weiblich, Sonne und Mond, weiß und rot, windet sich, von der Nase kommend, in einer Spirale um diese Lotusblüten. In ihnen strömt Energie (Prana). Sie kann kontrolliert werden, indem man den Atem kontrolliert. Die unterste Lotusblüte (mit vier Blütenblättern) befindet sich am untersten Ende der Wirbelsäule, in der Gegend des Dammes. Hindu-Tantra interessiert sich besonders für dieses Tschakra. Dort befindet sich die ›Fein-Schlange‹ Kundalini, die in jedem Menschen die welterschaffende Funktion der Göttin verkörpert. Sie schläft, um ein Lingam im Zentrum der Lotusblüte gewickelt, und bedeckt dessen Öffnung mit ihrem Mund. Die Öffnung des Lingam ist der Eingang zum unteren Ende der Suschumna und die Windungen der Schlange sind die Quelle der Welterfahrung. Durch sexuelle Vereinigung, Yoga-Stellungen und Muskelanspannungen kann ein Tantrika Kundalini aufwecken, wobei sich seine Weltenscheibe innerhalb des Kreises dieser Lotusblüte befindet. Die Schlange entwirrt sich, durchbohrt das untere Ende der Suschumna und beginnt ihren Aufstieg. Die anfängliche Empfindung ist heftig und ganz unbeschreiblich. Danach dringt Kundalini in jede der höher gelegenen Lotusblüten ein, in der Reihenfolge, in der der Tantrika sich auf ihren Aufbau und ihre Bedeutung konzentriert. Das Ziel jedes hinduistischen Tantrika ist es, seine Kundalini so oft als möglich die Suschumna hinaufsteigen zu lassen. Zum Schluß wird sie es ununterbrochen tun. Der buddhistische Tantrika, dessen buddhistische Auffassungen ihm allzu eindeutige und verwirrende Vorstellungen verbieten, sieht dennoch ein ›inneres Mädchen‹, das seine Wirbelsäule hinaufsteigt. In der buddhistisch-tantrischen Kunst wird es durch weibliche Gestalten wie etwa die ›rote Dakini‹ dargestellt *(Tafel 64)*. Beide tantrischen Richtungen beschreiben in gleicher Weise, wie in der Nähe des Gipfels der Suschumna die weibliche Energie den männlichen Samen des Seins trifft und sie sich mit ihm sexuell vereinigt (wie es die Zeichnung 6 darstellt). Dieser Vereinigung entströmt ein übernatürlicher Nektar, der den Körper durchflutet, während der ganze Mensch, Mann oder Frau, die Identifikation mit der Quelle des Selbst und der Welt erfährt, die jenseits des Scheitels des Hauptes liegt. Der Erfolg des Aufstiegs wird auch durch einen großen Vogel symbolisiert, der dem mythischen persischen Simurgh entspricht. Dieser wird bisweilen in der Kunst dargestellt, wie er ein Paar göttlicher Liebender trägt.

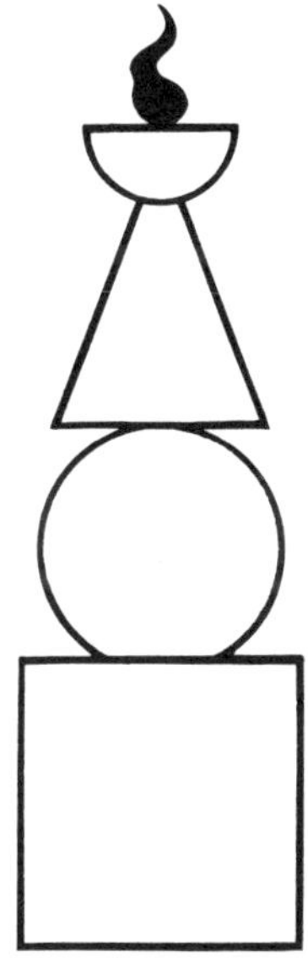

Zeichnung 8 Eine Stupa

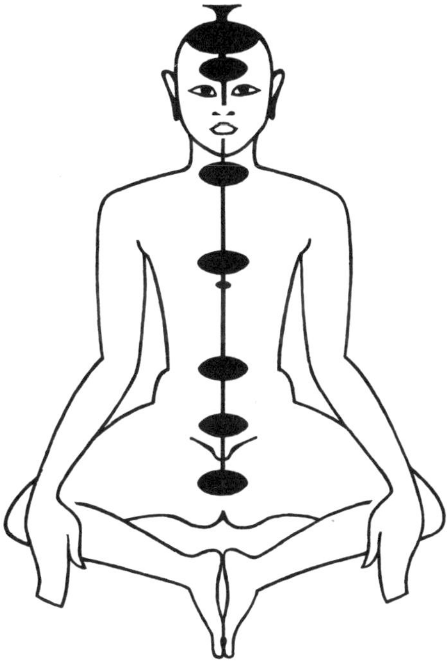

Zeichnung 7 Der ›Fein-Körper‹

Dies ist das allgemeine Muster für die ›Umkehrung‹ der Schöpfung. Der Aufstieg ist sehr genau beschrieben worden. Alle Überlieferungen nehmen an, daß er durch die Regionen der fünf elementaren Zustände der ›Materie‹ hindurchgeht, wobei jeder niedrige Zustand stufenweise in den nächsthöheren aufgenommen wird: Der feste wird durch die Erde dargestellt, der flüssige durch das Wasser, der leuchtende durch das Feuer, der gasförmige durch die Luft, während der Äther, das fünfte Element, kein eigenes Symbol hat. (Diese Elemente gleichen den ›Elementen‹ der europäischen Alchemie, die so

oft mißverstanden worden sind.) Jeder höhere Zustand der ›Materie‹ kommt dem Zustand der nicht unterschiedenen Energie näher und verdeutlicht eine intensivere innere Wahrnehmung der Vermischung der Kräfte, die sich im Laufe der Zeit ganz auflösen. Die Reihe, die die Zeichnung 7 zeigt, wird durch die Stupa im tantrischen Buddhismus symbolisiert *(Zeichnung 8)*. Sie ist eine symbolische Form, die sich von dem aufgeschütteten Erdwall herleitet, in dessen Spitze die sterblichen Überreste buddhistischer Heiliger zur öffentlichen Verehrung aufbewahrt waren. Die Größe der Stupa kann variieren, von riesigen Gebäuden bis hin zu kleinen Messingobjekten.
Hinduistisches Tantra ordnet diese Elementarzustände wie folgt an: Der gelbe, feste Zustand herrscht in der untersten Lotusblüte mit den vier Blütenblättern, sein Symbol ist das Viereck; der weiße, flüssige Zustand in der Blüte mit sechs Blättern, die sich in Höhe der Genitalien befindet, er ist kreisförmig; der rote, brennbare in der Blüte mit zehn Blättern, in Höhe des Nabels, die Form ist ein aufwärtszeigendes Dreieck; der grüne, gasförmige in der Blüte mit zwölf Blättern in Höhe des Herzens, er ist halbmondförmig; der graue, ätherartige in der Blüte mit sechzehn Blättern in der Höhe der Kehle, ein kleiner Kreis ist in der Mitte. Zwischen den Augenbrauen ordnen die Hindus eine weiße, zweiblättrige Lotusblüte an. Hier vollendet sich die Vereinigung des Männlichen und des Weiblichen. Dem Scheitel des Hauptes entsprießt in das Transzendente der tausendblättrige Lotus des Entzückens *(Tafel 59)*, dessen Strahlen der Inbegriff aller Farben sind. Auf der Höhe des Nabels, in der Region des Feuers, die in der Außenwelt durch die Verbrennungsstätte dargestellt wird, wird die Zeit, wie wir sie täglich erleben, transzendiert. Direkt unter dem Herzen befindet sich eine zweite kleine Lotusblüte, die ›Insel der Juwelen‹. Es ist die Stelle, wo die Empfindung der Trennung des Selbst auf dem Weg der Schöpfung abwärts entsteht und wo es während des meditativen Rituals auf dem Weg zurück zum Ursprung wieder ausgelöscht wird.
Buddhistisches Tantra legt wenig Wert auf den untersten Lotus, kennt Kundalini nicht und läßt auch den Lotus in Höhe der Genitalien aus. Es setzt jedoch die aufsteigende Bewußtseinsenergie mit der sexuellen Kraft gleich, die durch den männlichen Samen symbolisiert wird, den die weibliche Gestalt geboren hat. Es konzentriert sich erst auf den Lotus des Feuers in der Höhe des Nabels und sieht in ihm, wie das hinduistische Tantra, die entscheidende Stufe der Verwandlung. In diesem Tschakra befindet sich ein Altar, um den sich lodernde Gottheiten als Wächter gruppieren und auf dem das Selbst geopfert wird wie der tote Körper bei der Verbrennung auf dem Scheiterhaufen – eine Vorstellung, die jedem Inder tief vertraut ist.
Auf der Höhe des Herzens stellt sich der tantrische Buddhismus eine besonders reinigende und charakteristische Gruppe von Energiefeldern vor, die viel stärker ausgearbeitet ist als der hinduistische Herz-Lotus. Die Gruppe

ordnet sich zu fünf Kreisen innerhalb einer großen flachen Scheibe *(Tafel 68)*. Vier der Kreise befinden sich an den Hauptrichtungen des Raumes, Süd, Ost, Nord und West, der fünfte nimmt das Zentrum ein. Innerhalb jedes Kreises befindet sich eine friedvolle Buddhagestalt in symbolischer Farbe, die in sexueller Vereinigung mit ihrer ›Weisheit‹ meditiert. Daneben befinden sich andere Gestalten, die Hilfsfunktionen ausüben. Jeder Buddha stellt einen Zustand des Gewahrwerdens aller falschen Vorstellungen dar, die von einem bestimmten Gefühl und einer bestimmten täuschenden Funktion des Verstandes hervorgebracht werden. Durch seine Vereinigung mit dem weiblichen Weisheits-Zustand erlangt jeder Buddha die Gnade, dieses Gefühl und die täuschende Verstandesfunktion wieder umzukehren. Der Meditierende nun soll sich der Reihe nach mit jedem Buddha identifizieren und seinen Verstand durch die Gnade der geeigneten ›Weisheit‹ für die volle Verwirklichung dessen öffnen, was diese Buddhas verwirklichen. Gemäß buddhistischer Vorstellungen soll man sich nicht nach ›höheren Dingen‹ wie etwa Gottheiten richten und an sie seinen Verstand binden. Man muß vielmehr lernen, schließlich in einem Zustand zu leben, in dem alle Dinge, auch ›höhere‹, als Illusion aufgegeben worden sind, aufgelöst in ein gewaltiges und fugenloses Netz von wechselseitigen Beziehungen, in dem es weder Raum noch Zeit gibt.

Ein Mensch meditiert über jedes der Felder *(Tafel 68)* und verwirklicht es in spiralförmiger Reihenfolge: Süd, Ost, Nord, West und nimmt ein jedes in das folgende vollkommen auf. Das Kraftfeld im Osten, das Reich des ›Zorns‹, ist besonders bedeutend. Denn dieses Gefühl verkörpert die ›Wurzel-Energie‹, die die Meditation vorantreibt; die zornige Gestalt Wadschrapani stellt die Energie des Entschlusses des Meditierenden dar, in seinen Bemühungen erfolgreich zu sein. Im Zentrum bewegt sich dann die Bewußtseinsenergie entlang der Suschumna aufwärts zum Lotus in der Kehle, wo sich ähnlich angeordnete Energiefelder befinden. Die Kreise werden von energisch tanzenden ›Wissens-Besitzern‹ eingenommen, die den Buddhas des darunterliegenden Herz-Tschakras entsprechen. Jeder ist mit einer weiblichen Partnerin sexuell vereint. Auch diese Felder werden in spiralförmiger Reihenfolge durchlaufen, wobei sich ein neuer Zustand des Wissens eröffnet. Vom Zentrum steigt die Bewußtseinsenergie nochmals auf zum höchsten Kreis von Energiefeldern, die in ähnlicher Weise wie die vorigen angeordnet sind. Hier sind die Gestalten, mit denen sich der Meditierende identifiziert, von heftiger Leidenschaft, zorniger wie sexueller, erfüllt und symbolisieren den höchsten Zustand gesteigerter Energie *(Tafeln 62, 63)*. Nachdem auch diese Serie von Zuständen durchlaufen worden ist, öffnet sich der Verstand dem Gesamtreich der Vorstellungen und gelangt, wieder über das Zentrum, zum Zustand des ›höchsten Wissens‹. Dieser wird bisweilen durch einen blauen Buddha symbolisiert, der völlig abgeklärt in der sexuellen Umarmung einer reinweißen ›Weisheit‹ dasitzt; oder aber durch ein goldenes Paar *(Tafel 42)*. Dieser ganze Vorgang kann auch durch Yantra-Serien symbolisiert werden, bei denen mehr die Formen und Farben als anthropomorphe Gestalten die Vermittlerrolle übernehmen.

Der berühmteste Mantra des tantrischen Buddhismus ist *Om mani padme Hum*. *Om* ist der zentrale Laut der Erleuchtung, *mani padme* bedeutet ›Juwel in der Lotusblüte‹, aber auch ›männliches im weiblichen Organ‹, der Zustand der Vollkommenheit, die Energie, die sich in die Weisheit ergießt. *Hum* ist der Laut der Macht, der das Mantra zur Verwirklichung zwingt. Diese Energie wird oft durch ein Gerät dargestellt, das Wadschra heißt und an beiden Enden mit gebogenen Zacken verziert ist, die einen zentralen geraden Zacken umschließen *(Abbildung 98)*. Jeder tantrische Buddhist besitzt ein Wadschra, das als Behälter der persönlichen Kraft gilt. Wadschrapani bedeutet ›der, der ein Wadschra besitzt‹. Um seine Meditation voranzutreiben, benutzt der tantrische Mönch auch eine Glocke, deren Rand er sanft und ohne Unterlaß mit einem Stock reibt. So erzeugt er einen beständigen, sehr zarten und Entzücken hervorrufenden Summton.

Dieser Laut symbolisiert die subtilste Wahrheit des Tantrismus. Er ist die hörbare Form des ältesten und machtvollsten indischen Mantra, des Mantra *Om*. Denn wie jede ordentliche Wissenschaft hat auch Tantra erkannt, daß die Struktur auch des am dichtesten erscheinenden Objekts in ihrem Wesen einer Schwingung entspricht. Dies wird für den menschlichen Verstand durch einen Klang symbolisiert. Und die rhythmischen Funktionen – Herzschlag, Atem, Stoffwechsel – verschaffen erst einem jeden Lebewesen eine Vorstellung von Zeit und Leben. Die Unterschiede und die Wechselwirkungen zwischen materiellen Dingen, die der Mensch erfährt, haben ihre Wurzel in den Interferenz-Mustern, die beim Zusammentreffen verschiedener Wellenlängen entstehen. Darin können wir wieder das weite Feld der schöpferischen Aktivität der Göttin erkennen. *Om* ist der stimmliche Ausdruck, der bei richtiger Anwendung alle Wellen vereinigen und harmonisieren kann. Der Tantrika findet in ihm die Vollendung seiner Meditation und Verehrung, seines sexuellen Yoga und seines Mantra-Gebrauchs. Er lernt schließlich auch, wie er das harmonisierende *Om* in der Kristall-Höhlung seiner ›Fein-Wirbelsäule‹ widerhallend emporschickt und seinen ganzen Körper dieser Wurzelenergie öffnet, die dann hereinströmt durch den Scheitel seines Hauptes aus der Realität jenseits der Zeit, der Quelle aller Schöpfung.

Diese Erfahrung wirklich und dauernd zu machen, ununterbrochen in ihrer Gewißheit zu leben, das ist das höchste Ziel des Tantra.

Tafeln

1 Ein Schri-Yantra, das wichtigste aller tantrischen Yantras. Die äußeren Dreiecke werden von Gottheiten eingenommen, die Unterteilungen des Energie-Selbst der Großen Göttin darstellen. Nepal, ca. 1700. Guasch auf Tuch 50 × 60 cm.

2 Mahakala, die ›Macht der alles verschlingenden Zeit‹, mit einem Ritualmesser in ihrem Kopfputz und einer Schädelschale voller Blut in der Hand. Tibet, 18. Jh. Bemalte Terrakotta, Höhe 62,5 cm.

3 Kali, die weibliche Verkörperung der Zeit, mit einem Schädel als Kopfputz sowie Halsband und Gürtel aus Schlangen. 12. Jh. Von einem Tempel in Südindien. ▶

4 Dschaina-Diagramm des Kosmos, ein sog. Swastika-Yantra, das zur Meditation benutzt wird. Radschastan, spätes 18. Jh. Guasch auf Tuch 120 × 120 cm.

5 Ein Blatt zur Berechnung der Zeit und zur Herstellung von Mantra-Kombinationen. Radschastan, 18. Jh. Guasch auf Papier 11,5 × 25 cm. ▶

6 Om-Yantra. Der Laut Om ist der älteste und machtvollste indische Mantra. Radschastan, 18. Jh. Guasch auf Tuch 52,5 × 55 cm.

7 Relief der ›göttlichen Vulva‹, mit farbigem Pulver gefärbt, das zu ihrer Verehrung verwendet wird. Südindien, 19. Jh. Holzschnitzerei 20 × 17,5 cm.

8 Das befruchtete Welten-Ei, das sich in Regionen und Energieströme teilt. Radschastan, 18. Jh. Guasch auf Papier 27,5 × 42,5 cm.

9 Die Ur-Einheit, symbolisiert durch einen Stein in der Form eines Eies oder Lingam (männliches Glied). Die natürlichen, blitzförmigen rötlichen Verfärbungen auf der Oberfläche symbolisieren die sich herauslösende weibliche Energie. Nordindien (Brahmaputra-Tal), Alter unbekannt, Höhe 25 cm. ▶

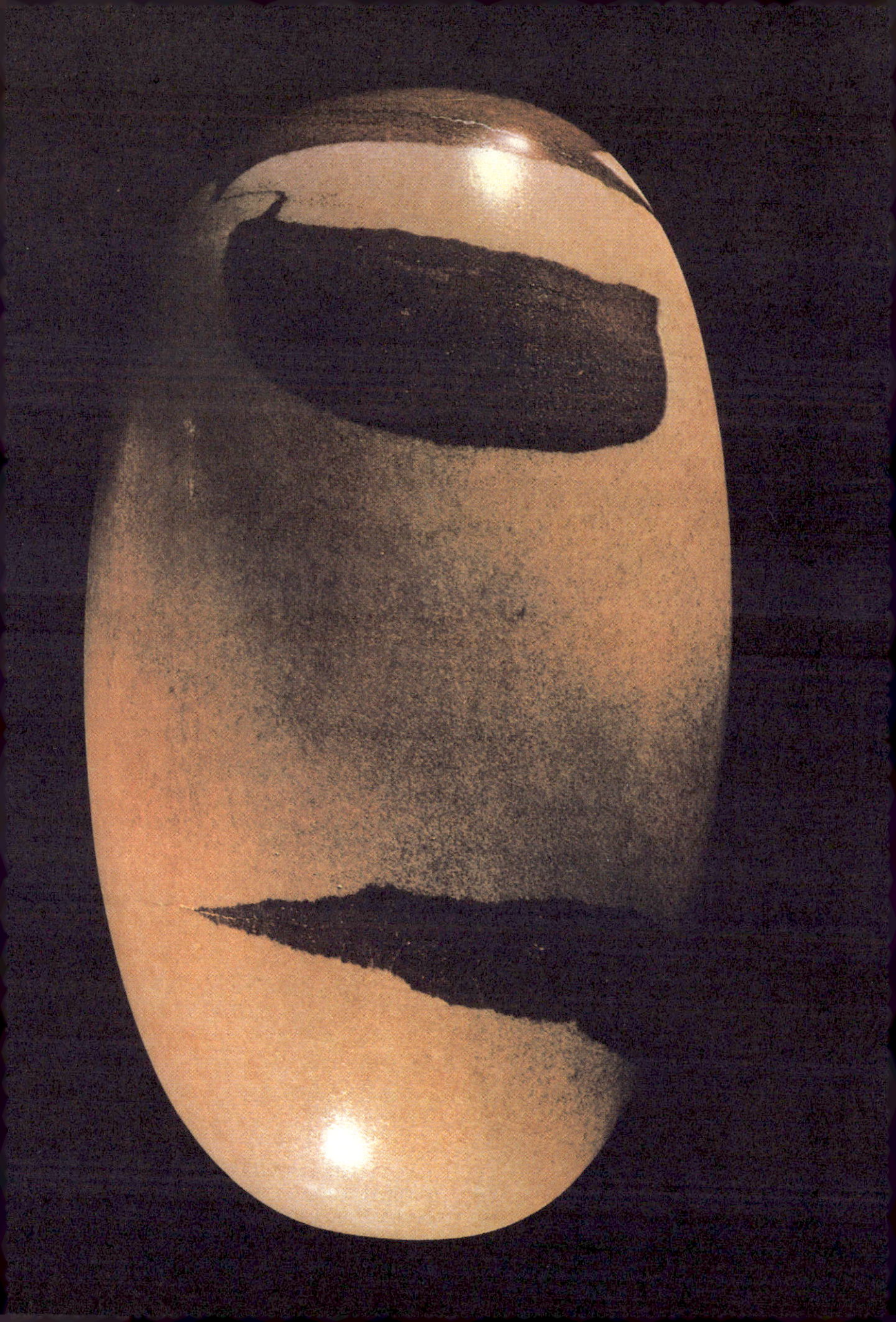

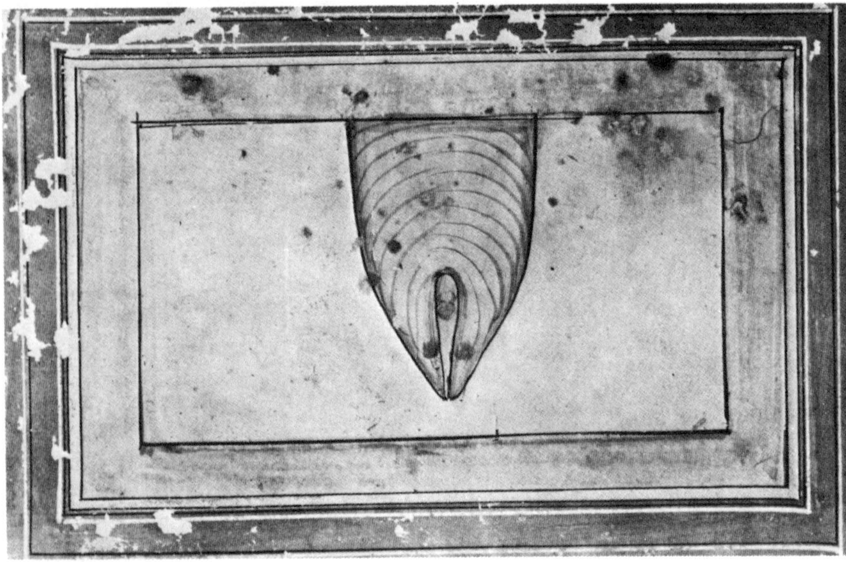

10 ▲ Die ›göttliche Vulva‹ erscheint in einer Sternkonstellation. Radschastan, 18. Jh. Guasch auf Papier 12,5 × 17,5 cm.

11 ◀ Ein Tantrika betet die Vulva der Großen Göttin an. Südindien, Skulptur an einem Pfeiler, 17. Jh.

12 Die große Seychellen-Kokosnuß, die der Ozean bisweilen anspült, wird als Sinnbild der Vulva der Göttin verehrt. Südindien, 19. Jh. Höhe der Kokosnußschale 42,5 cm.

13 Verkörperung der Macht des Feuers. Ecke eines Untergestells aus vergoldeter Bronze, das ein Gefäß aus einem menschlichen Schädel trug. Nepal, 17. Jh.

14 Das Prinzip des Feuers stellt Tod und Verbrennung dar, ebenso aber auch einen Bewußtseinszustand, der Voraussetzung für Tantra ist. Seite eines Manuskriptes des Bhagavata-Purana. Radschastan, 17. Jh. Guasch auf Papier 22,5 × 15 cm.

15 Die Göttin Kali. Kalkutta, 19. Jh. ▶
Wasserfarbe auf Papier 45 × 27,5 cm.

17 Kali in sitzender Stellung bei der Vereinigung mit Schiwa, dem männlichen Prinzip, im ›Leichen-Zustand‹. Radschastan, 18 Jh. Messing, Höhe 12,5 cm.

◀ 16 Ritueller Kopfputz mit Menschenknochen. Tibet, 19. Jh.

Folgende Seiten
18 Kali in sitzender Stellung bei der Vereinigung mit Schiwa im ›Leichen-Zustand‹. Pandschab, 18 Jh. Guasch auf Papier 22,5 × 15 cm.

19 Schiwa, das männliche Prinzip, mit seiner Frau auf dem linken Knie. Sie sind das Ur-Paar, und ihre Loslösung von ihm war der erste Schritt des gesamten Schöpfungsprozesses. Basohli-Stil, 17. Jh. Guasch auf Papier 25 × 17,5 cm.

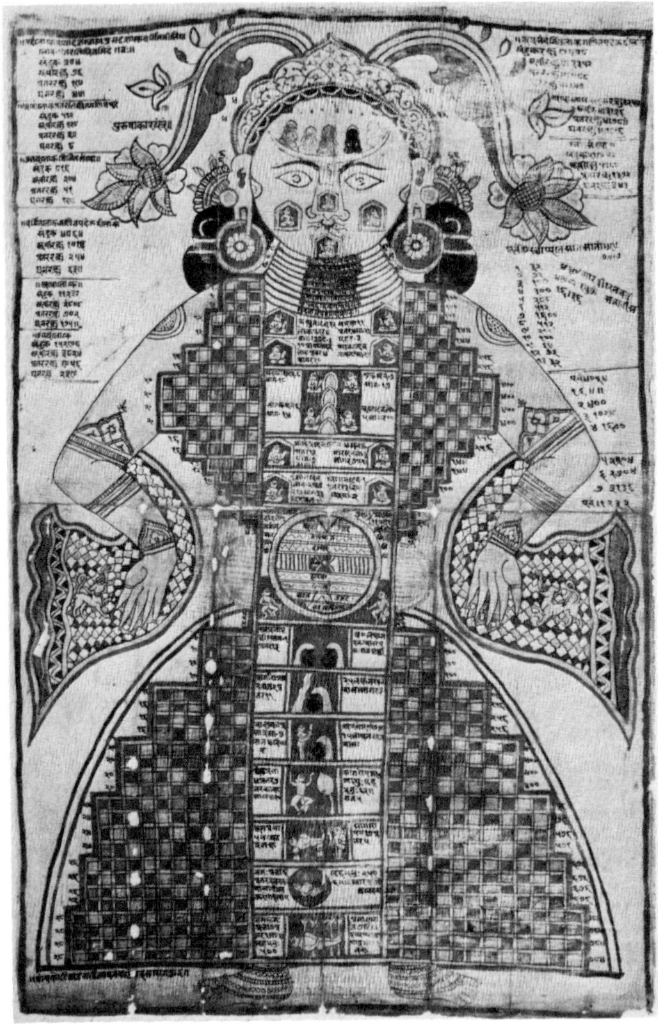

20 Dschaina-Diagramm der Welt in Menschenform. Es enthält alle möglichen Welten und Zeitabläufe. Radschastan, 18. Jh. Guasch auf Tuch 37,5 × 27,5 cm.

21 Der ›Fein-Körper‹, dargestellt als Pflanze, die aus dem ›Boden‹ des überirdischen Raumes wächst. Radschastan, 18. Jh. Tinten auf Papier 47,5 × 32,5 cm. ▶

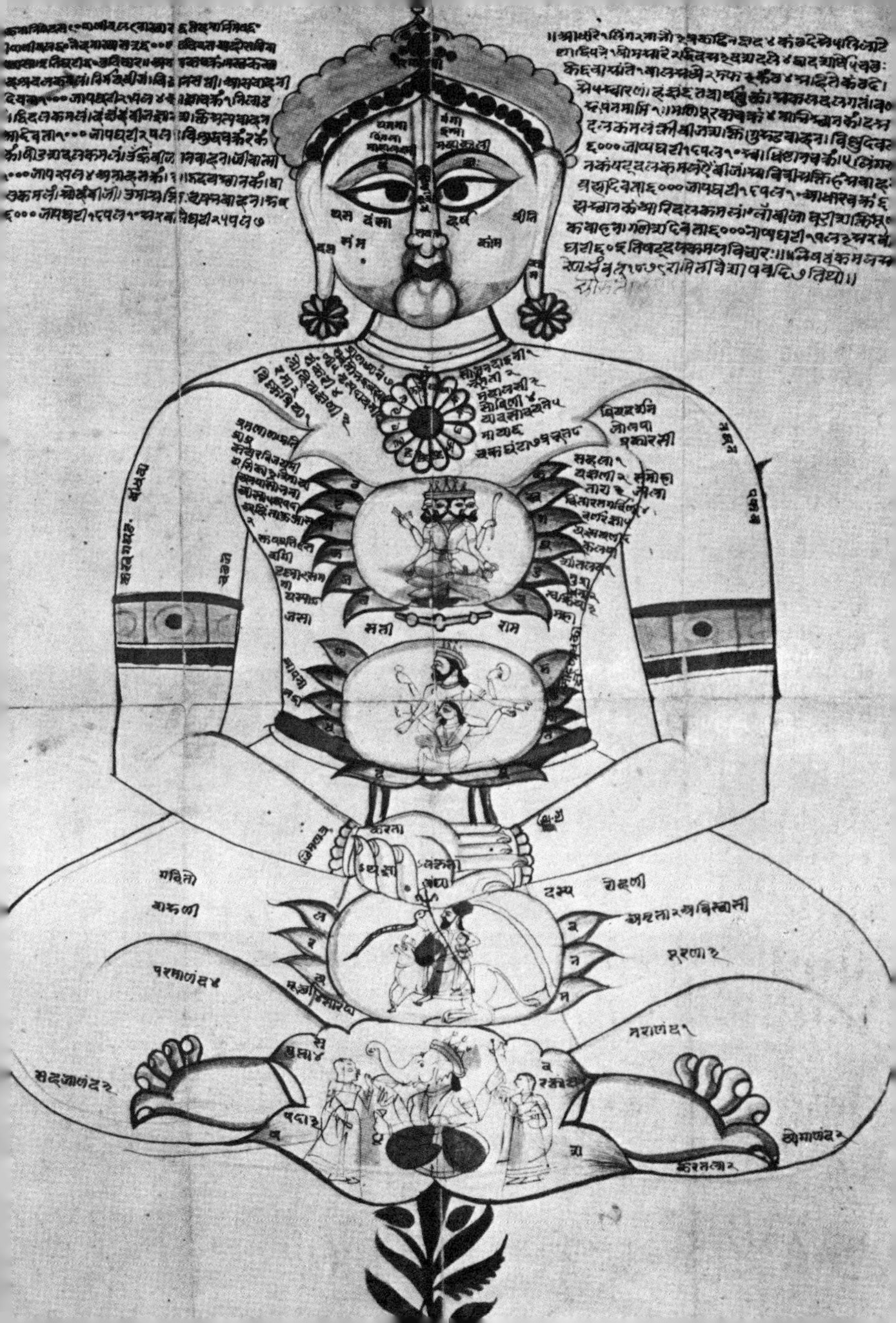

22 Chinnamasta, einer der zehn funktionellen Aspekte der Göttin. Das Paar unter ihr verdeutlicht ihren göttlichen Ursprung. Über ihnen hat sie ihr Haupt abgetrennt, um die von ihr getrennten Teile ihres Selbst zu ernähren. Kangra, ca. 1800. Guasch auf Papier 30 × 20 cm.

23 Das Universum als ›kosmischer Mann‹ mit Wischnu und zu seinen Füßen und Krischna und Radha auf seinem Haupt. Nepal, 17. Jh. Guasch auf Tuch 152,5 × 102,5 cm. ▶

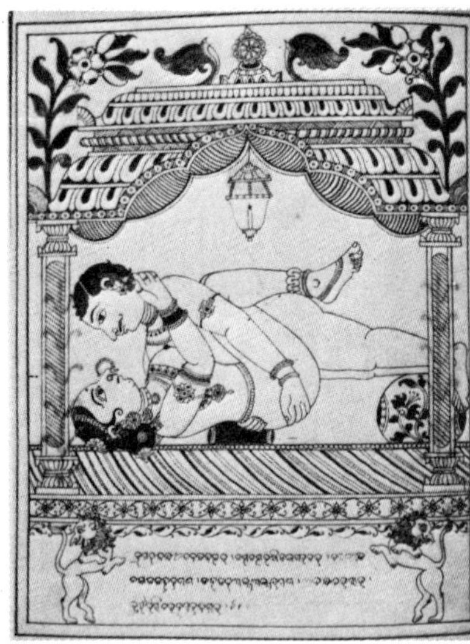

24–27 Sexuelle Vereinigung ist die Hauptform des ›Genusses‹, den Tantra für spirituelle Zwecke nutzbar macht. Liebesstellungen, die das Vergnügen erhöhen. Bildfolge aus einem Manuskript aus Orissa, 19. Jh.

28 Ein heiliger Schirm wird aus den Buchstaben des Sanskrit-Alphabets gebildet. Die Laute sind die Wohnstätte der Göttin. Radschastan, 19. Jh. Tinte und Guasch auf Papier 27,5 × 22,5 cm.

29 Ein Radscha verehrt ein Bildnis; seine Hand steckt in einem Rosenkranz-Behälter. Mandi, ca. 1720. Guasch auf Papier 20 × 20 cm.

30 Diagramm zur Berechnung astronomischer Perioden, das aber auch der Meditation dient. Kangra, Himatschal Pradesch, 18. Jh. Tinte und Farbe auf Papier 27,5 × 20 cm.

31 Die Gottheit in einem rituellen Wasserbehälter. Radschastan, 19. Jh. Guasch auf Papier 22,5 × 22,5 cm.

32 Himmlisches Paar in sexueller Vereinigung. Südindien, 18. Jh. Holzschnitzerei von einem Tempelwagen, Höhe 40 cm.

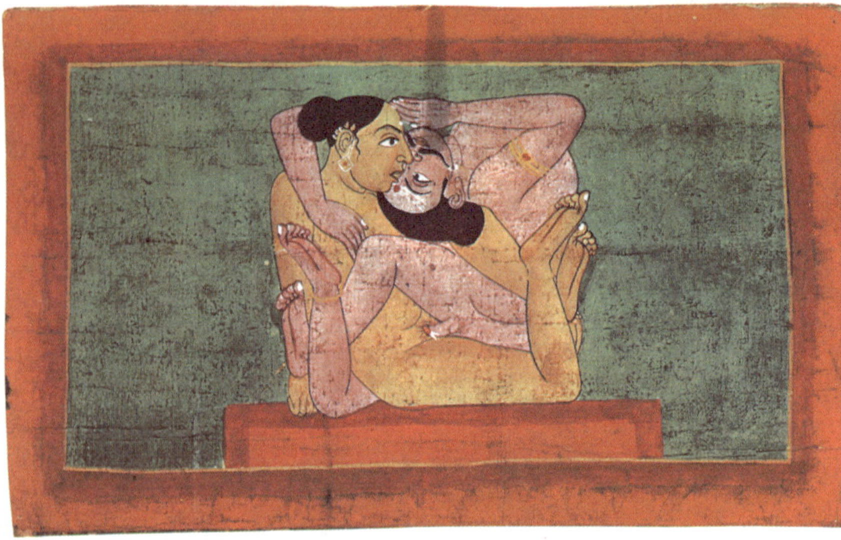

33 Eine der Yoga-Stellungen der sexuellen Vereinigung, die den Prozeß der inneren Verklärung verstärkt. Nepal, 18. Jh. Guasch auf Papier 37,5 × 22,5 cm.

34 Eine vornehme Tantrika wird nach dem Bade und vor der Vereinigung gesalbt und massiert. Radschastan, 18. Jh. Guasch auf Papier 22,5 × 17,5 cm.

35 Die fünf ›energiegeladenen Genüsse‹ (Fleisch, Alkohol, Fisch, Getreide, sexuelle Vereinigung) als Eucharistie um einen Guru gruppiert. Radschastan, 19. Jh. Guasch auf Tuch 87,5 × 82,5 cm.

36 Die erotischen Freuden des Himmels. Mittelalterliche Skulptur vom ›Himmels-Fries‹ eines Tempels. Khajuraho, ca. 1000 n. Chr.

37 Die Stellung Yoni-Asana. Nepal, ca. 1700. Guasch auf Papier 17,5 × 17,5 cm.

38 Ein Prinz und eine Dame beim Liebesspiel. Der fundamentale tantrische Ritus auf einer noch ganz menschlichen Ebene. Kangra, 18. Jh. Guasch auf Papier 20 × 15 cm. ▶

G-A P 157

39 Yogini, aus deren Vulva sich die Schlangen-Energie manifestiert. Südindien, ca. 1800. Holz, Höhe 30 cm.

40 Schlangen, die sich um ein unsichtbares Lingam (männliches Glied) winden, symbolisieren die kosmische Energie, Basohli, ca. 1700. Guasch auf Papier 15 × 10 cm.

Folgende Seiten
41 Ein buddhistischer ›Zerstörer des Todes‹, vereinigt mit seiner weiblichen Weisheit. Tibet, 18. Jh. Bronze, Höhe 25 cm.

42 Der Zustand der Erleuchtung, bei dem das männliche und das weibliche Prinzip vollkommen vereinigt sind. Tibet, 16. Jh. Vergoldete Bronze mit Edelsteinen, Höhe 27,5 cm.

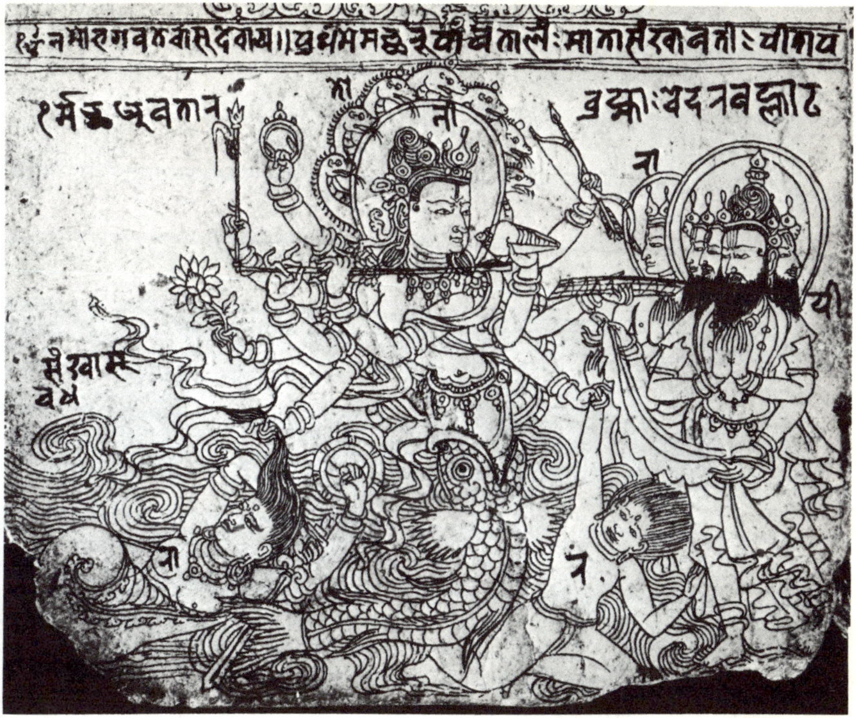

44 Wischnu-Krischna als tantrische Gottheit. Manuskriptseite aus Nepal, 17. Jh. Tinte auf Papier.

◀ 43 Krischna und Radha tanzen in Ekstase. Südindien, 18. Jh. Bronze, Höhe 11,5 cm.

Folgende Seiten
45 Eine Szene aus der Liebesgeschichte von Krischna und Radha, seiner bevorzugten Geliebten auf Erden. Eine Miniatur mit einem besonders ausgearbeiteten Farbschema. Basohli, Dschammu-Kaschmir, ca. 1680. Guasch auf Papier 22,5 × 32,5 cm.

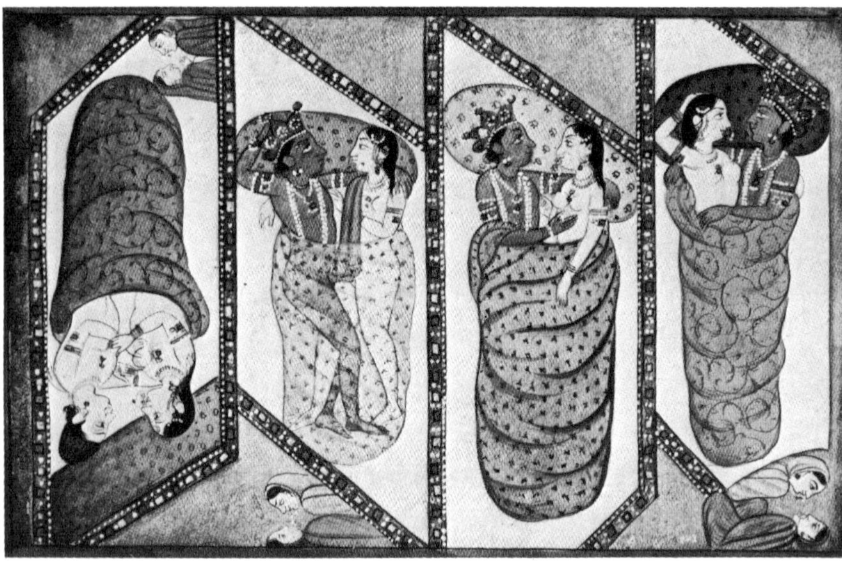

46 Krischnas Liebesaffären. Links die beiden weißen Figuren sind ein Menschenpaar, das den göttlichen Liebesakt wiederholt. Radschastan, 19 Jh. Guasch auf Papier 12,5 × 17,5 cm.

47 Krischna badet im Yamuna mit den Gopis (Kuhhirtinnen). Kangra, ca. 1820. Guasch auf Papier 35 × 45 cm.

48 Krischna zeigt seine kosmische Gestalt. Radschastan, 18. Jh. Guasch auf Tuch 52,5 × 35 cm.

49 Krischna wird als ›höchstes Wesen‹ verehrt. Eine Miniatur aus Nathdwara, wo sich ein besonders heiliges Standbild befindet. Guasch auf Papier 27,5 × 20 cm.

50 Der Rundtanz zur Frühlingszeit, bei dem sich alle Gopis mit Krischna vereinigen. Radschastan, Dschaipur, 18. Jh. Guasch auf Papier 102,5 × 70 cm.

51 Wischnu-Krischna in kosmischer Gestalt, mit den Lotusblüten oder Kreisen (Tschakras) des ›Fein-Körpers‹. Radschastan, 19. Jahrhundert. Guasch auf Papier 22,5 × 15 cm. ▶

श्री विराट स्वामी

52 Tibetischer Tanka (Hängerolle) aus neun Mandala-Yantras, die bei der Meditation einen fortgeschrittenen Bewußtseinszustand bewirken. Nepal, 19. Jh. Guasch auf Tuch 55 × 55 cm.

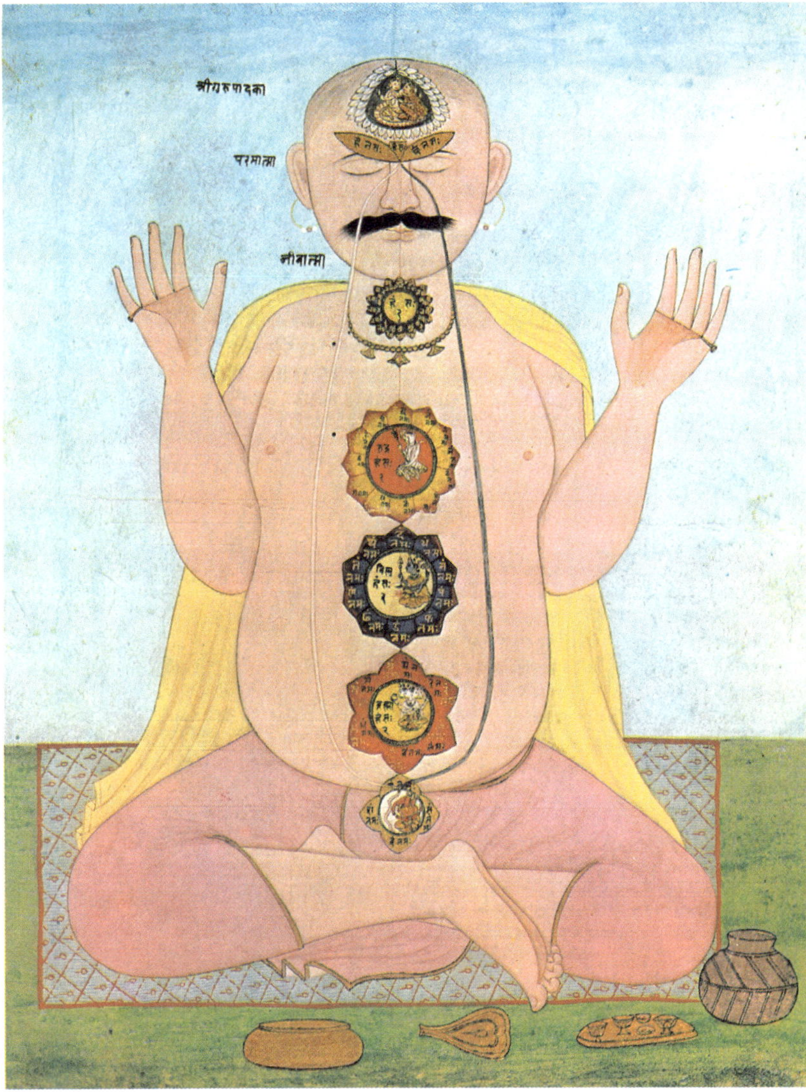

53 Diagramm des Systems der Kanäle und Tschakras des ›Fein-Körpers‹. Kangra, Himatschal Pradesch, ca. 1820. Guasch auf Papier 30 × 22,5 cm.

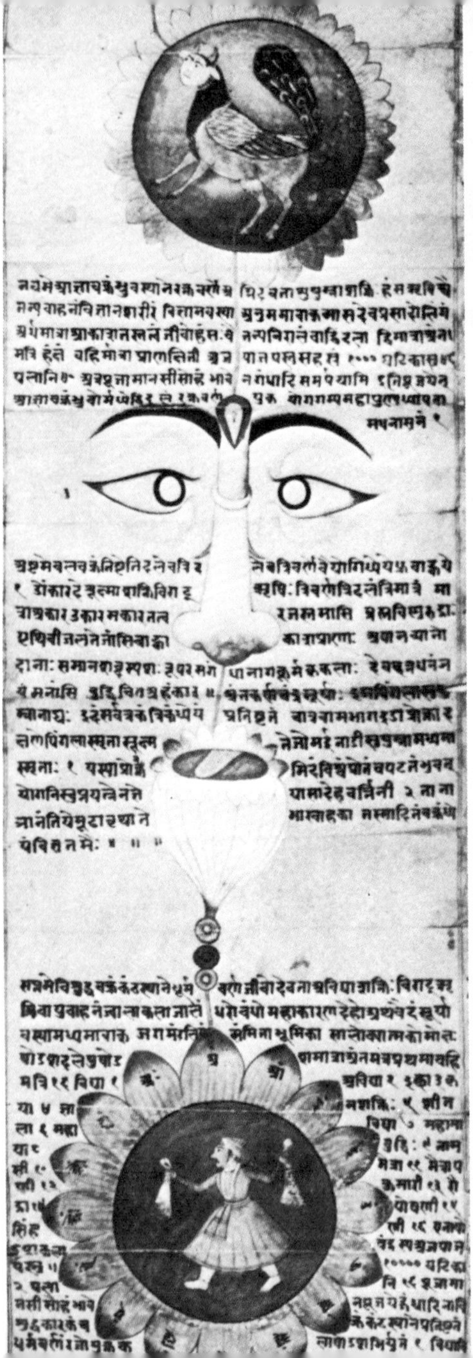

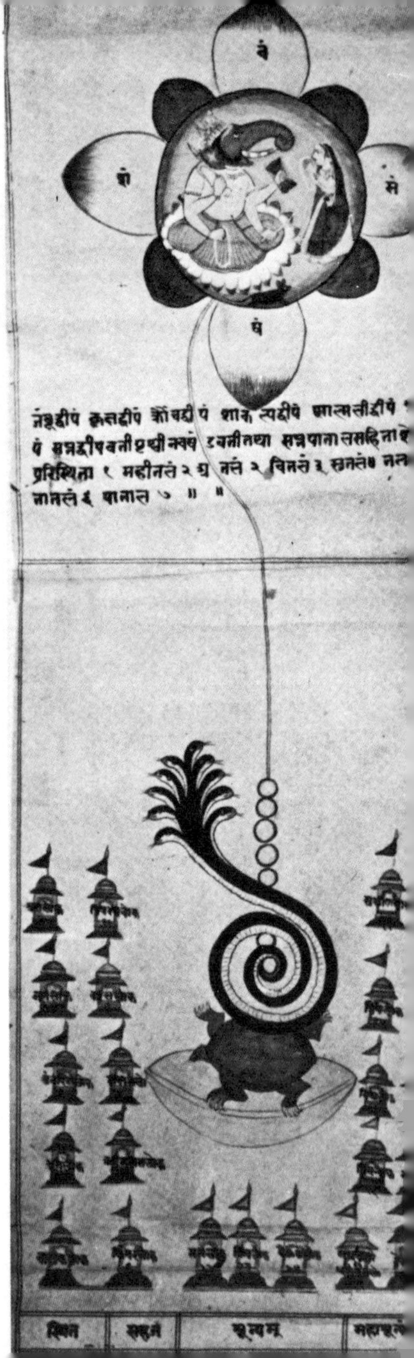

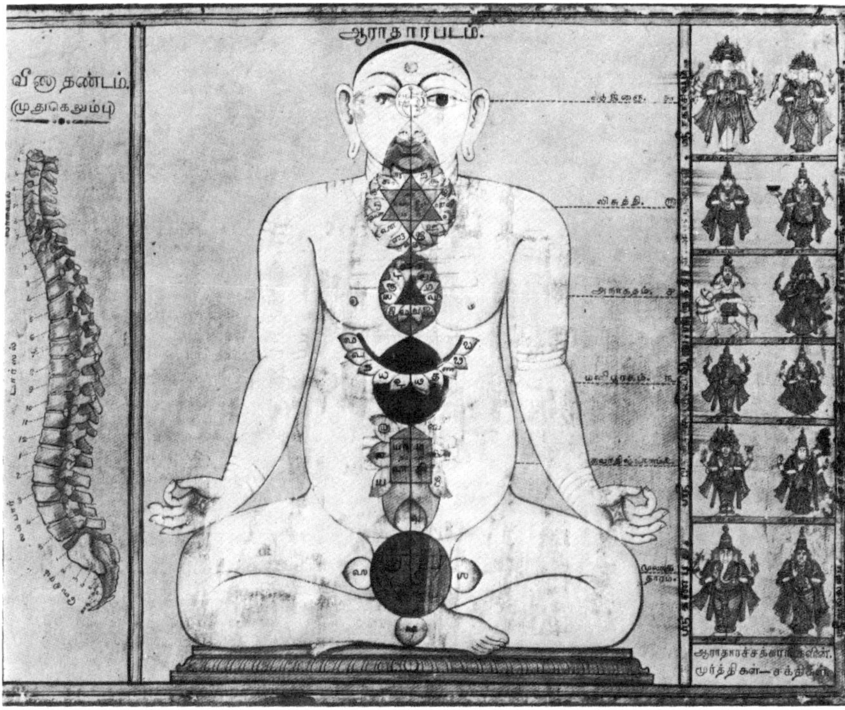

55 Die Tschakras des ›Fein-Körpers‹ und ihre Beziehungen zur Wirbelsäule und zu den Gottheiten. Tanjore, 19. Jh. Tinte und Farbe auf Papier 50 × 65 cm.

◀ 54 Rollen-Malerei mit den meditativen Tschakras (Ausschnitt). Basohli, 17. Jh. Tinte und Guasch auf Papier 342,5 × 22,5 cm.

Folgende Seiten

56 Der ›Fein-Körper‹ und die geheimen, oberhalb des Hauptes befindlichen himmlischen Tschakras und Kanäle (Ausschnitt). Radschastan, ca. 1700. Guasch auf Tuch, Größe des vollständigen Diagramms 302,5 × 47,5 cm.

57 Der ›Fein-Körper‹ mit seinen Tschakras (Ausschnitt). Nepal, 17. Jh. Guasch auf Papier, Größe des vollständigen Diagramms 350 × 27,5 cm.

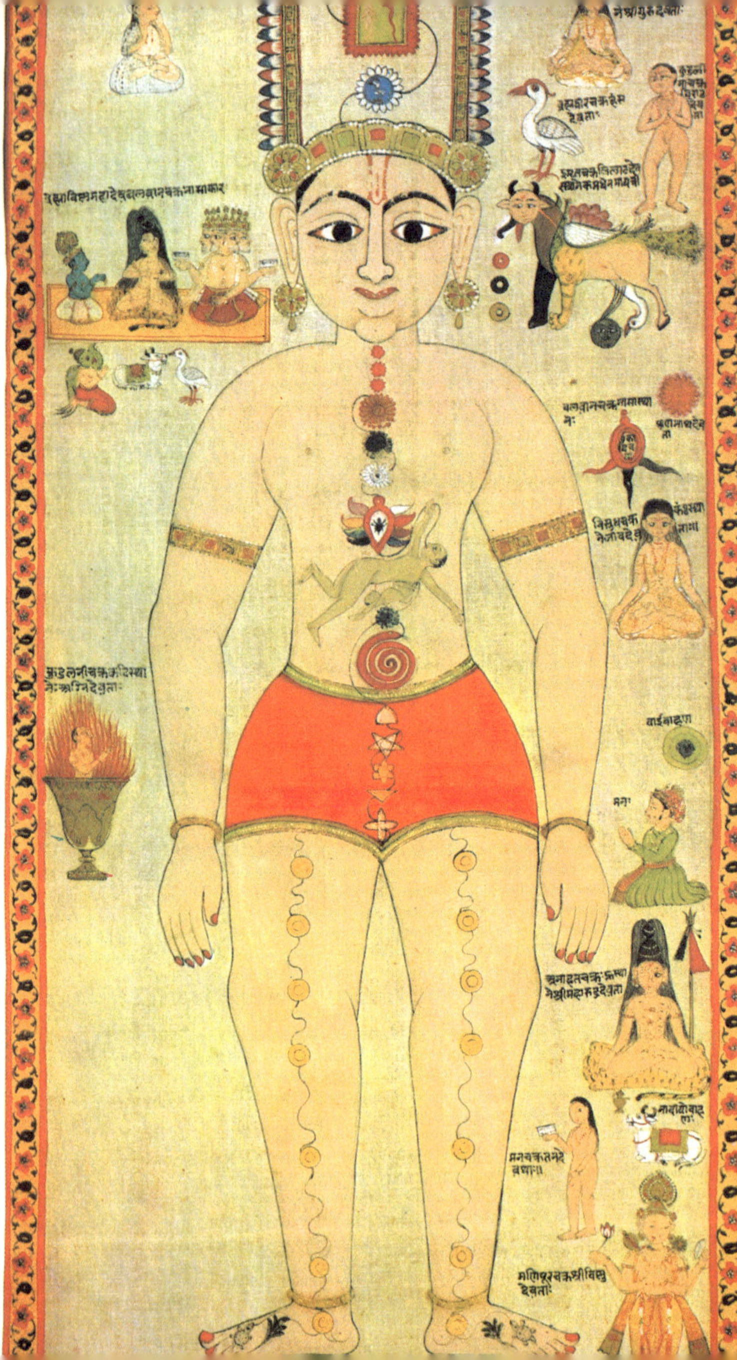

◀ 58 Weiser in seinem Meditations-Band. Südindien, 17. Jh. Stein, Höhe 47,5 cm.

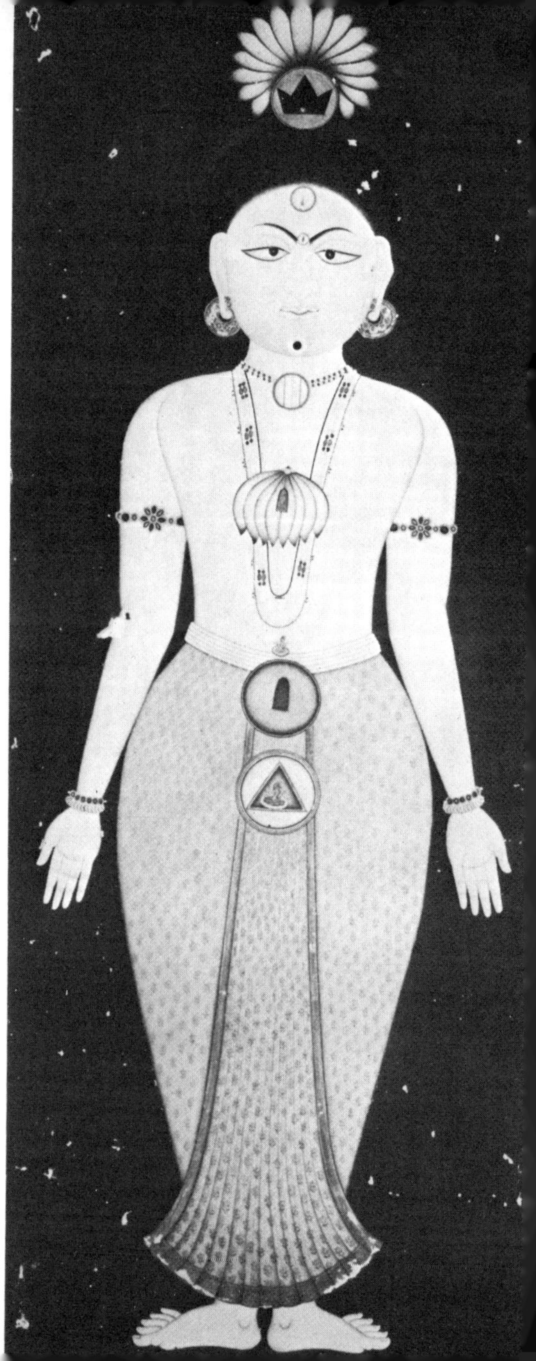

59 Die Tschakras des ›Fein-Körpers‹. Die transzendente Blume des Entzückens öffnet sich oberhalb des Hauptes. Radschastan, 18. Jh. Guasch auf Papier 117,5 × 45 cm.

60 Dschaina-Diagramm der Ur-Teilungen aus dem ursprünglich vereinigten Kosmos. Gudscharat, 15. Jh. Guasch auf Tuch 55 × 52,5 cm.

61 Tibetischer Tanka (Hängerolle), der einen Zustand verzückten Bewußtseins darstellt. Er ist von weiteren Zustandsdarstellungen umgeben, die Zwischenstufen bilden. Ca. 1800. Guasch auf Tuch. Einer aus einem Satz von sieben Stück, jeder 70 × 47,5 cm.

62 Tibetischer Tanka (Hängerolle), der die furchterregende Gestalt Wadschrapanis darstellt, des Beschützers und der obersten Verkörperung der Macht des Buddhismus. 17. Jh. Guasch auf Baumwollstoff 52,5 × 42,5 cm.

63 Die schreckenerregende Gottheit Samwara mit ihrer weiblichen Weisheit. ▶ Nepal, 17. Jh. Guasch auf Tuch 60 × 47,5 cm.

64 Dakini, die Frau, die Weisheit durch Initiation gibt. Tibet, 17. Jh. Bronze, Höhe 32,5 cm.

65 Tibetischer Tanka (Hängerolle) der höchsten Buddha-Gestalt Wadschrasattwa. Sie verkörpert den höchsten Zustand des erleuchteten Bewußtseins und ist von Zustandsdarstellungen umgeben, die Zwischenstufen bilden. Die Buddha-Gestalt hält ein Wadschra in der linken Hand. 18. Jh. Guasch auf Tuch 65 × 45 cm.

66 Das Mandala des höchsten Buddha-Wadschrasattwa. Tibet, 18. Jh. Guasch auf Tuch 52,5 × 42,5 cm.

67 Der mythische Vogel Garuda, das geistige Gefährt der Yogis. Kangra-Schule, ca. 1800. Guasch auf Papier 22,5 × 17,5 cm.

Folgende Seite
68 Tibetischer Tanka (Hängerolle), auf dem das ganze System tantrisch-buddhistischer Ikonographie zusammengefaßt ist, mit den Mandalas der friedfertigen Buddhas, der ›Wissens-Besitzer‹ und der schreckenerregenden Buddhas. Tibet, 18. Jh. Guasch auf Tuch 72,5 × 55 cm.

Dokumentarische Abbildungen und Erläuterungen

I Ritual und Verehrung

Tantrische meditative und rituelle Handlungen führen den Menschen stufenweise zu einem abgeklärten und strahlenden Bewußtsein, der Erleuchtung. Die besondere Weisheit des Tantrismus liegt darin, daß er die Gefühle und seelischen Regungen nicht unterdrückt, wie es die orthodoxeren Formen des Hinduismus, Buddhismus und Dschinismus tun. Er sieht in ihnen vielmehr machtvolle Hilfen.

Geräte und alle möglichen Dinge werden bei den rituellen Handlungen benutzt, die die Wurzel der indischen Religionen sind. Diese rituellen Handlungen bestehen in erster Linie in der Darbringung symbolischer Opfergaben der Sinnenwelt, wie Blumen, Speisen, Kerzen, Glocken, Kleider und Räucherwerk. Auch aus symbolischen Gründen werden Wasser und Öl benutzt, um sowohl das Abbild, das die Verehrung empfängt, wie auch den Körper des Verehrenden zu salben, wodurch beide miteinander gleichgesetzt werden.

Alle tantrische Verehrung wird von Mantras begleitet, in denen sich die Energien konzentrieren, die sowohl dem Abbild wie auch dem Verehrenden und seiner Welt innewohnen. Denn das Wesen der realen Dinge besteht in Schwingungen, die in den Lauten der Buchstaben des Sanskrit-Alphabets enthalten sind. Es ist daher selbst ein heiliges Bild.

1

2

3

4

5

6

1 Ein Heiliger führt vor Abbildern der zweigeschlechtlichen Gottheit ein Ritual aus. Kangra, Himatschal Pradesch, 18. Jh. Guasch 20 × 12,5 cm. Victoria-und-Albert-Museum, London.

2 Symbolische Opfergabe in der Form eines gehäuteten Schweines. Nepal, 18.–19. Jh. Gehämmertes Kupfer, 17,5 × 10 cm. John Dugger und David Medalla, London.

3 Ein Satz hölzerner Geräte für ein Ritual mit Kokosnußöl. Südindien, 19. Jh. Holz 17,5 × 40 cm. Privatsammlung.

4 Opferteller. Tibet, 19. Jh. Fünf Metalle, mit Gold- und Silberapplizierung glückbringender Zeichen. 30 × 32,5 cm. Jean Claude Ciancimino, London.

5 Ritueller Wasserbehälter in Vulva-Form. Radschastan, 19. Jh. Kupfer 25 cm. Ajit Mookerjee, Neu-Delhi.

6 Zeremonielle Lampe, mit einem Löffel zum Nachfüllen des Öls. Kerala, 19. Jh. Messing 42,5 cm. Ajit Mookerjee, Neu-Delhi.

7 Kopf einer Göttin, der der Verehrung dient; Stammesarbeit. Bengalen, 18. Jh. Messing 12,5 cm. Ajit Mookerjee, Neu-Delhi.

8 Kopf der Göttin Durga. Orissa, 18. Jh. Bronze 32,5 cm. Ajit Mookerjee, Neu-Delhi.

9 Die Göttin Jagadamba, ›Mutter der Welt‹. Bengalen, 18. Jh. Acht Metalle 37,5 cm. Ajit Mookerjee, Neu-Delhi.

10 Darstellung der Geburt, entsprechend der schöpferischen Funktion der Göttin. Südindien, 18. Jh. Holzschnitzerei 32,5 cm. Ajit Mookerjee, Neu-Delhi.

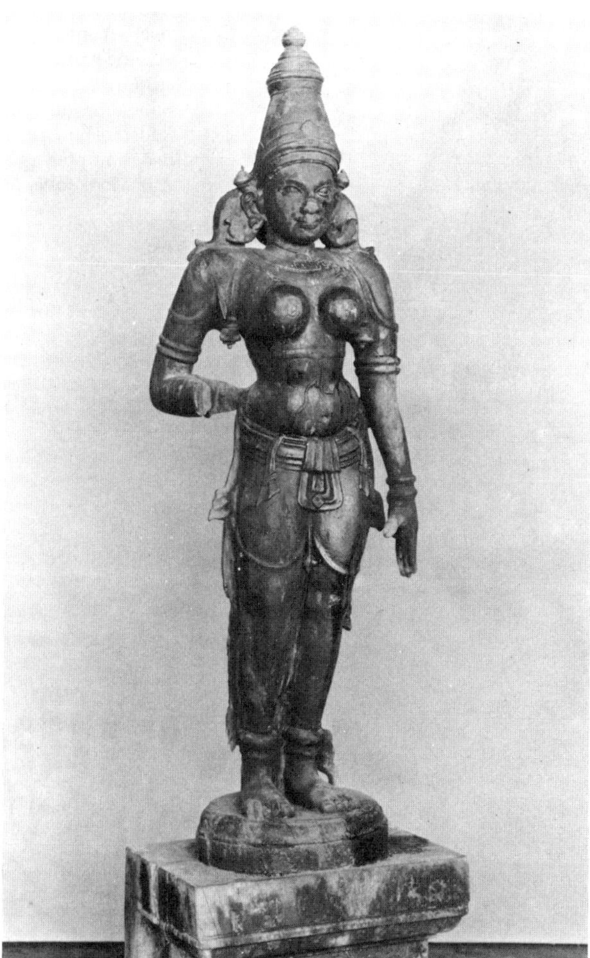

11 Standbild der Göttin. Südindien, 17. Jh. Holz 135 cm. Victoria-und-Albert-Museum, London.

12 Yantra der Radha (der Geliebten Krischnas), das zwei Yoni-(Vulva-)Formen verbindet: die Schleife und das Dreieck, mit der Samen-Silbe Om im Mittelpunkt. Radschastan, 18. Jh. Getriebenes Kupfer 15 × 10 cm. Ajit Mookerjee, Neu-Delhi.

13 Gerät zum Verbrennen von Räucherwerk, in der Form eines Lebensbaumes, aus Schlangen gebildet. Radschastan, 18. Jh. Bronze 52,5 cm. Sven Gahlin, London.

14 Halskette aus heiligen Perlen. Südindien, 19. Jh. Getrockneter Samen 37,5 cm. Ajit Mookerjee, Neu-Delhi.

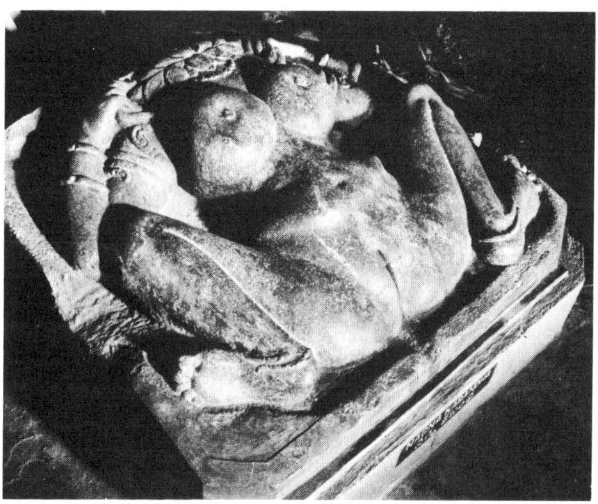

15 Bild der Göttin, die ihre Vulva zur rituellen Verehrung zeigt. Haiderabad, 11. Jh. Stein, von einem Tempel. Alampur-Museum, Staat Haiderabad.

16 Malerei mit der Darstellung der universellen Gestalt der Göttin der Rede, durch die die Welt der Namen existiert. In ihrem Körper sind Heilige, Götter und Könige. Radschastan, 19. Jh. Guasch auf Papier 27,5 × 20 cm. Ajit Mookerjee, Neu-Delhi.

17 Ausschnitt aus einem Gewebe, in das die wiederholten Anrufungen der zehn Mahawidyas der Göttin, d. h. ihrer zehn funktionellen Aspekte, eingewebt sind: Kali, Tara, Sodaschi, Bhuwaneschwari, Bhairawi, Chinnamasta, Sundari, Baglamukhi, Dhumawati und Matanghi. Bengalen, 17. Jh. Seide, von Gläubigen getragen, 125 × 197,5 cm das ganze Gewebe. Ajit Mookerjee, Neu-Delhi.

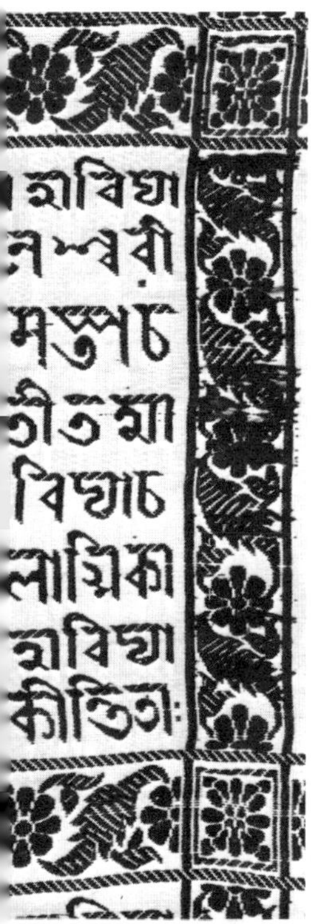

18 Buchstaben-Girlande, ein Rosenkranz in Yoni-Form, mit der Darstellung der ›kosmischen Schöpfung‹ durch Brahman, der sich von Wischnu erhebt, der auf der ›Schlange des Nicht-Seins‹ ruht. Radschastan, 19 Jh. Guasch auf Papier 15 × 10 cm. Ajit Mookerjee, Neu-Delhi.

II Sex und Realität

Die Vorstellung vom letzten Ziel wird im Tantrismus von der Vision kosmischer Sexualität geprägt. Das männliche Prinzip der universellen Schöpfung ist der Keim des Seins, der gleichzeitig unendlich klein und allumfassend ist. Es wird oft Schiwa genannt und von einem erigierten männlichen Glied, einem Lingam, symbolisiert. Das weibliche Prinzip, das sich aus dem männlichen löst, ist die Göttin oder Schakti. Sie breitete Raum, Zeit und Universum aus. Sie steht daher der Verehrung näher als das männliche Prinzip, in vielen Gestalten und unter vielen Namen. Besonders wichtig ist, daß sie als das weibliche Zeugungsorgan der Welt verehrt wird, als ihre Yoni oder Vulva.

Die sexuelle Vereinigung wird daher als Muster göttlicher Verehrung und Seligkeit angesehen. Sie wird auf besondere Art vollzogen, mit bestimmten Ritualen und Mantras, und auf dem Weg zur Erleuchtung kann sie die wirkungsvollste Hilfe sein. Seit alters her sind weibliche Initiatoren die Partner bei sexuellen Ritualen. Im tibetischen Tantra werden sie als tanzende (oft rote) Dakini dargestellt.

20 Paar in sexueller Vereinigung, vom ›Himmels-Fries‹ eines Tempels. Radschastan, 13. Jh. Sandstein 27,5 cm. Ajit Mookerjee, Neu-Delhi.

◀ 19 Schnitzerei mit Darstellung der heroischen Freuden im Himmel; der Mann, der das männliche Prinzip verkörpert, genießt und bereitet gleichzeitig mehreren Frauen Genuß, entsprechend dem Motiv, das sich in alten Sanskrit-Epen findet. Südindien, 18. Jh. Holz 55 cm. Ajit Mookerjee, Neu-Delhi.

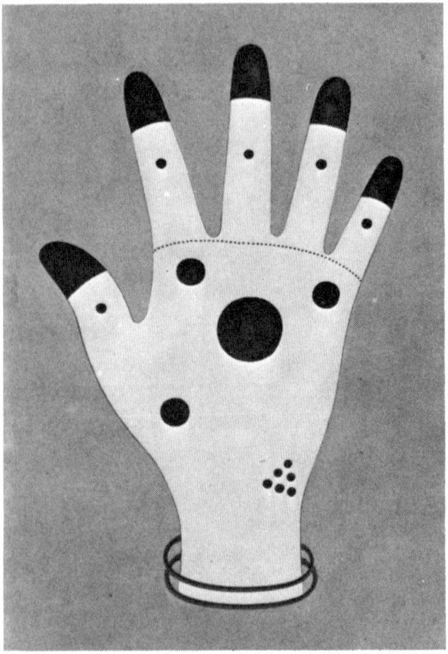

21 Diagramm ritueller Bemalungen einer weiblichen Hand nach dem rituellen Bad. Sie regen besondere Energien durch Energie-Kanäle an diesen Punkten an. Radschastan, 19. Jahrh. Guasch auf Papier 27,5 × 17,5 cm. Ajit Mookerjee, Neu-Delhi.

22 Malerei mit der Darstellung der wechselnden Sensibilitätspunkte des weiblichen Körpers während des Mond-Monats. Gudscharat, 16. Jh. Guasch auf Papier 25 × 10 cm. Ajit Mookerjee, Neu-Delhi.

23 Paar in sexueller Vereinigung, vom ›Himmels-Fries‹ eines Tempels. Die Frau zeigt ihre ›schlingpflanzenähnliche‹ Natur, indem sie sich um den Mann schlingt. Madhya Pradesch, 13. Jh. Sandstein 32,5 cm. Ajit Mookerjee, Neu-Delhi.

24

25

24–26 Die drei Stellungen Cantschala-Asana, Sukhapadma-Asana und Yoni-Asana. Nepal, ca. 1700. Guasch auf Papier, jede 17,5 × 17,5 cm. Ajit Mookerjee, Neu-Delhi.

26

27 Dakini. Nepal, 18. Jh. Bronze 20 cm. Ajit Mookerjee, Neu-Delhi.

28 Eine Initiation. Symbolische Lingams werden mit den Genitalien eines männlichen Weisen und einer weiblichen Schakti in Berührung gebracht, um sie mit Energie ›aufzuladen‹. Radschastan, 18. Jh. Guasch auf Papier 17,5 × 15 cm. Ajit Mookerjee, Neu-Delhi.

29 Rote Dakini. Tibet, 18. Jh. Guasch auf Tuch 25 × 20 cm. Gulbenkian-Museum, Durham.

III Krischna

Die Legende der blauhäutigen Gottesinkarnation Krischna, die auf Volkslieder sowie Frühlings- und Herbstzeremonien zurückgeht, handelt von seinen leidenschaftlichen Liebesaffären mit den Kuhhirtinnen, den Gopis. Dabei zeigte er bei einer Gelegenheit seine kosmische Gestalt mit allen Menschen, Tieren und allen Himmeln in seinem Körper (vgl. Tafel 48).
Der Krischna-Kult lieferte die Themen für einen großen Teil der nachmittelalterlichen Kunst. Die Einzelheiten der göttlichen Liebesaffären inspirierten zu zahllosen überwältigenden Malereien (und auch Musik), besonders an den Radschputenhöfen während des 17. und 18. Jahrhunderts. In dieser Kunst wirkten sich indische ästhetische Vorstellungen aus, die der große tantrische Philosoph Abhinawagupta (ca. 1000 n. Chr.) entwickelt hatte.

30 Krischna und Radha. Orissa, 18. Jh. Guasch auf Tuch 100 × 97,5 cm. Ajit Mookerjee, Neu-Delhi.

31 Krischnas Liebesaffären. Manuskriptillustration. Orissa, ca. 1600. Jedes Palmblatt 5 × 17,5 cm. Ajit Mookerjee, Neu-Delhi.

32 Krischna, aus Tieren zusammengesetzt, die die anderen großen Hindugottheiten symbolisieren. Kulu, ca. 1730. Guasch auf Papier 15 × 22,5 cm. Sven Gahlin, London.

33 Emblem, das von Krischna-Verehrern getragen wurde. Es symbolisiert ihren heiligen Tschaitanya. Navadvipa, Westbengalen, 18. Jh. Messing 40 cm. Ajit Mookerjee, Neu-Delhi.

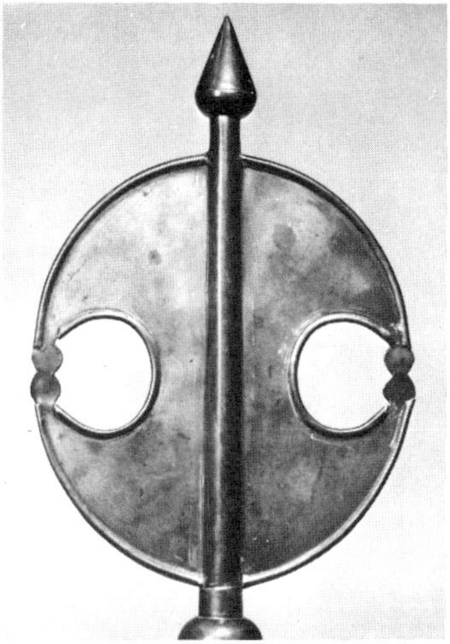

34 Krischna in der Rolle Wischnus während seines kosmischen Schlafes auf der ›Schlange Ewigkeit‹. Die Göttin über ihm macht ihre Rolle als kreatives Prinzip geltend. Kangra, Himatschal Pradesch, 18. Jh. Guasch auf Papier 25 × 30 cm. Ajit Mookerjee, Neu-Delhi.

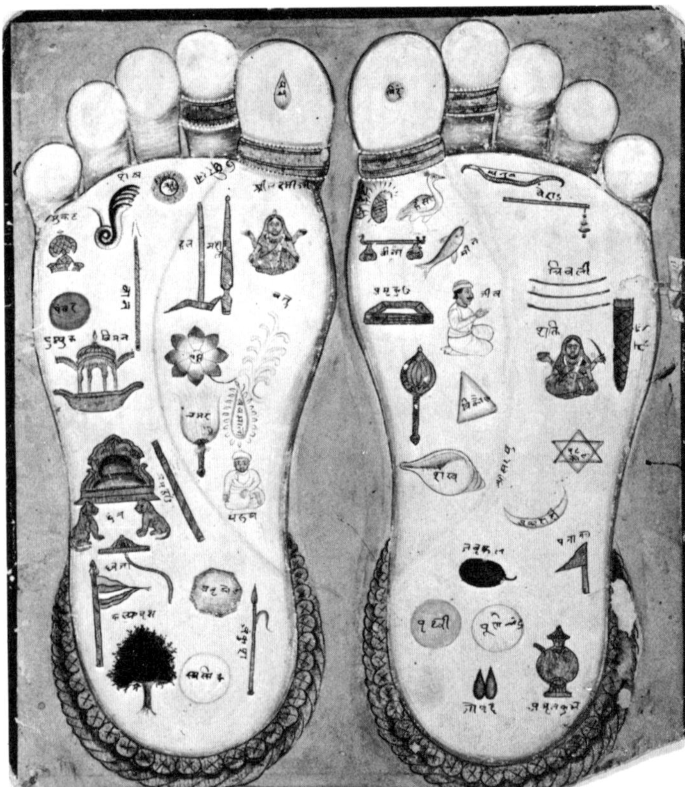

35 Die Fußspuren Wischnus, Zeichen seiner Selbst-Offenbarung als ›kosmischer Mann‹. Radschastan, 18. Jh. Guasch auf Papier 20 × 17,5 cm. Ajit Mookerjee, Neu-Delhi.

36 Wischnu-Krischna in seiner kosmischen Gestalt, mit der himmlischen Goloka (der Kuh-Welt) über seinem Haupt. Tanjore, ca. 1800. Guasch auf Tuch 32,5 × 20 cm. Ajit Mookerjee, Neu-Delhi.

IV Tod und Feuer

Die liebende Göttin der Schöpfung und Seligkeit hat ein zweites Gesicht. Sie bringt den Menschen in die Welt und in die Zeit. Aber sie entfernt ihn auch von ihr. Sie ist daher sein Zerstörer, der Krieg, Krankheit und die ›Dame Hunger‹. Niemand kann ein erfolgreicher Tantrika sein, der nicht zuerst diesen Aspekt seinem Bild von der Göttin hinzugefügt hat. Das tantrische Ritual schließt daher Zeremonien ein, die den Zweck haben, der Wirklichkeit des Vergehens und des Todes in allen abscheulichen Einzelheiten ins Gesicht zu sehen und sie in sich aufzunehmen. Dieser Aspekt der Göttin heißt Kali, die Schwarze. Sie ist oft sexuell vereinigt mit dem passiven, totenähnlichen männlichen Prinzip. Meditation mit sexueller Vereinigung nachts inmitten von Leichnamen ist ein wesentlicher tantrischer Ritus, der jedoch vom indischen Kasten-Denken her absolut unrein ist. Während dieses Rituals mögen alle atavistischen Träume eines Menschen emporsteigen. Er muß sich ihnen stellen und sie überwinden. Magie aller Art mag auf solchen Riten beruhen, wobei Geräte aus menschlichen Knochen benutzt werden.

37 Die Göttin Kali auf einer Verbrennungsstätte. Mandi, ca. 1800. Guasch auf Papier 107,5 cm. Sven Gahlin, London.

38 Die furchterregende Gestalt der Göttin Bhairawi. Pandschab, 18. Jh. Guasch auf Papier 30 × 20 cm. Ajit Mookerjee, Neu-Delhi.

39 Die furchterregende Göttin Kali, auf Leichen stehend. Himatschal Pradesch, ca. 1800. Guasch auf Papier 15 × 10 cm. Ajit Mookerjee, Neu-Delhi.

40 Ein Verehrer der Göttin Kali. Südindien, 13 Jh. Bronze 25 cm. Victoria-und-Albert-Museum, London.

41 Ein Opfer-Schwert, zum Schlachten von Tieren vor Altären der Kali benutzt. Bengalen, 19. Jh. Stahl, Länge 102,5 cm. Victoria-und-Albert-Museum, London.

43 ▲

42 Eine furchterregende Gestalt der Göttin, auf abgeschlagenen Köpfen sitzend. Mandi, Himatschal Pradesch, 18. Jh. Guasch auf Papier 15 × 10 cm. Ajit Mookerjee, Neu-Delhi.

43 Eine der zehn Mahawidyas, Dhumawati (die ›Rauchige‹), mit ihrem Krähen-Sinnbild. Basohli, Himatschal Pradesch, ca. 1700. Guasch auf Papier 15 × 10 cm. Ajit Mookerjee, Neu-Delhi.

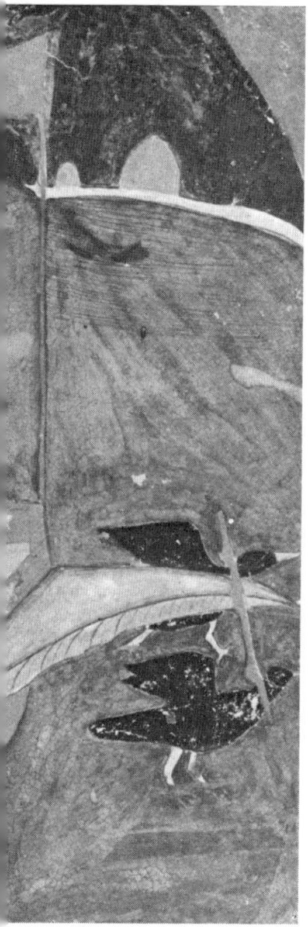

44 Die Göttin Kali, auf einem ›Leichen-Schiwa‹ sitzend. Bengalen, 18. Jh. Messing, Höhe 15 cm. Ajit Mookerjee, Neu-Delhi.

45 Die Göttin Kali als Zerstörerin. Radschastan, ca. 1700. Guasch auf Papier 25 × 20 cm. Ajit Mookerjee, Neu-Delhi.

48

46–48 Kleidungsstücke eines Zauberers: Schurz, Armbinde und Oberkörperschmuck, aus Menschenknochen. Tibet, 19. Jh. Schurz 52,5 × 60 cm. Philip Goldman, London (vgl. Tafel 16).

49 Gri-gug, ein Ritual-Messer (zum Häuten). Tibet, 18. Jh. Bronze und Stahl, 15 cm. Viktoria-und-Albert-Museum, London.

49

46

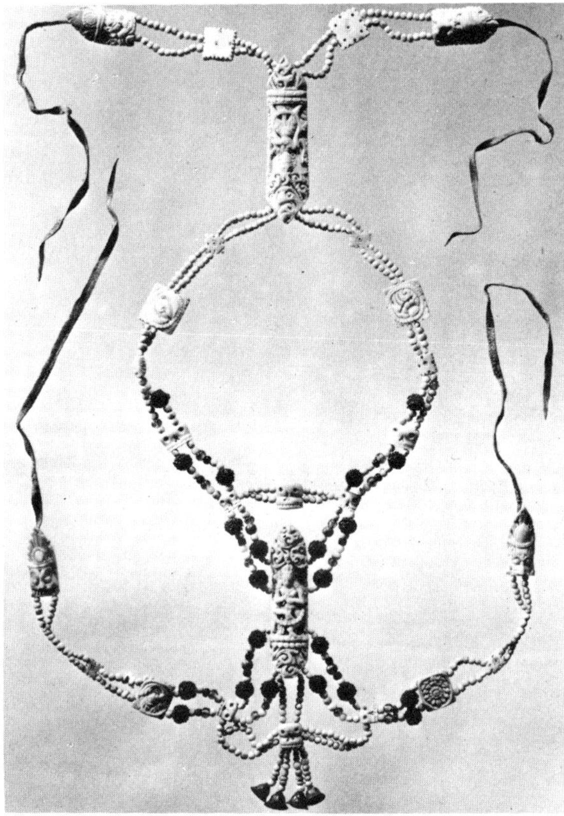

47

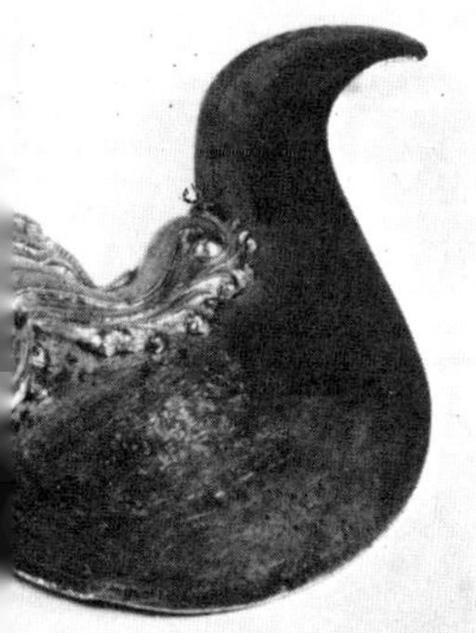

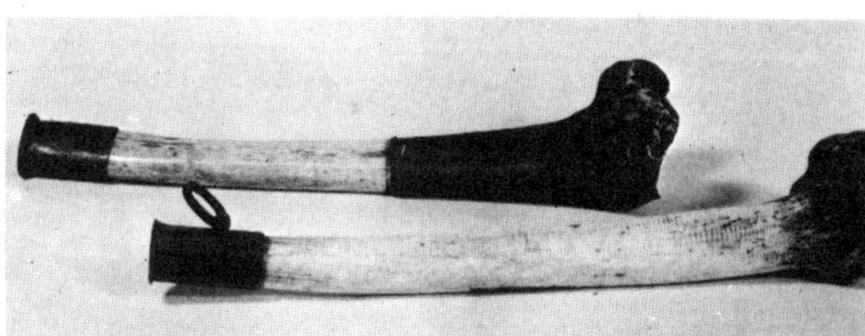

50 Ritual-Trompeten aus menschlichen Oberschenkelknochen. Tibet, 19 Jh. 35 cm. Victoria-und-Albert-Museum, London.

51 Heiliger Zauberer, mit der Geste des Unterrichtens. Nalanda, Bihar, 9.–11. Jh. Bronze, Höhe 12,5 cm. John Dugger und David Medalla, London.

52 Eine Doppeltrommel aus Menschenschädeln und mit Menschenhaut bespannt. Tibet, 19. Jh. Höhe 17,5 cm. Victoria-und-Albert-Museum-London.

V Kosmische Diagramme

Schematische Diagramme fassen den Aufbau der Welt zusammen in Raum und Zeit. Die meisten sind Dschaina-Diagramme und beinhalten Zahlen-Kalkulationen von einer so überwältigenden Größenordnung, daß sich Vergleichbares nur in der modernen Astronomie findet. Die Welten werden immer als um eine zentrale Achse, Meru, gruppiert vorgestellt. In diesem Raum-Zeit-System erscheint jede Person als winziger Punkt, und die Astrologie, die in Indien große Bedeutung hat, kann ihr Schicksal berechnen und ihr sagen, wie sie sich verhalten soll. Observatorien werden benutzt und Horoskop-Diagramme regelmäßig erstellt. Die Konstellationen, Planeten und Phasen des Mondes werden sorgfältig beobachtet, symbolisch dargestellt und oft personifiziert.

53

54

53 Diagramm des Kosmos, mit dem Berg Meru im Mittelpunkt, umgeben von den Himmels-Regionen. In den Ecken Dschaina-Heilige im Zustand der Erlösung. Radschastan, 18. Jh. Guasch auf Tuch 75 × 77,5 cm. Ajit Mookerjee, Neu-Delhi.

54 Diagramm der Welt. Westindien, 17. Jh. Guasch auf Tuch 157,5 × 160 cm. Ajit Mookerjee, Neu-Delhi.

55 Diagramm, das zeigt, wie das transzendente System des kosmischen Raumes mit seinen Hauptrichtungen Ost, Süd, West, Nord durch Schichten von Materie und Raum hindurch mit der menschlichen Welt in ›Fein-Beziehungen‹ steht. Manuskriptseite. Gudscharat, 16. Jh. Tinte und Farbe auf Papier 12,5 × 25 cm. Ajit Mookerjee, Neu-Delhi.

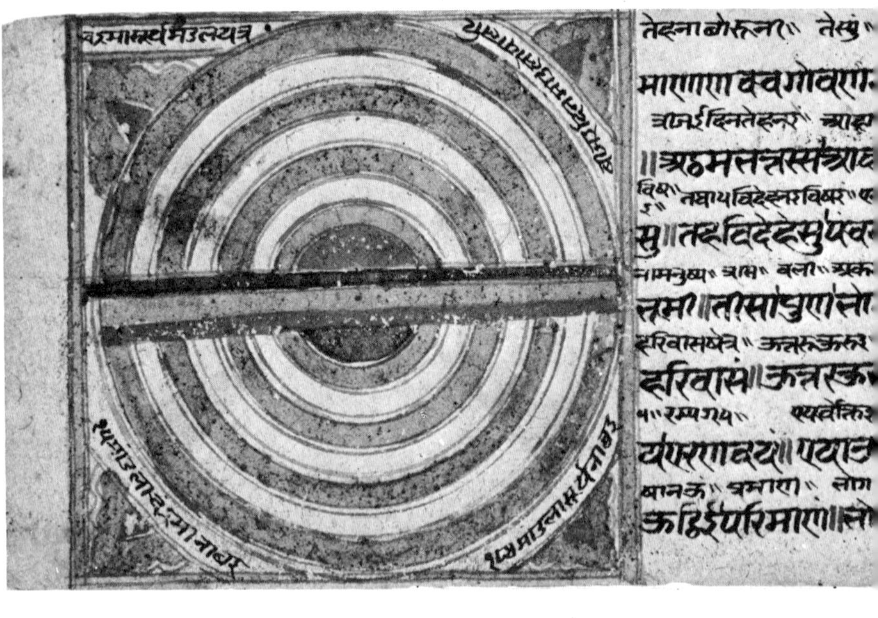

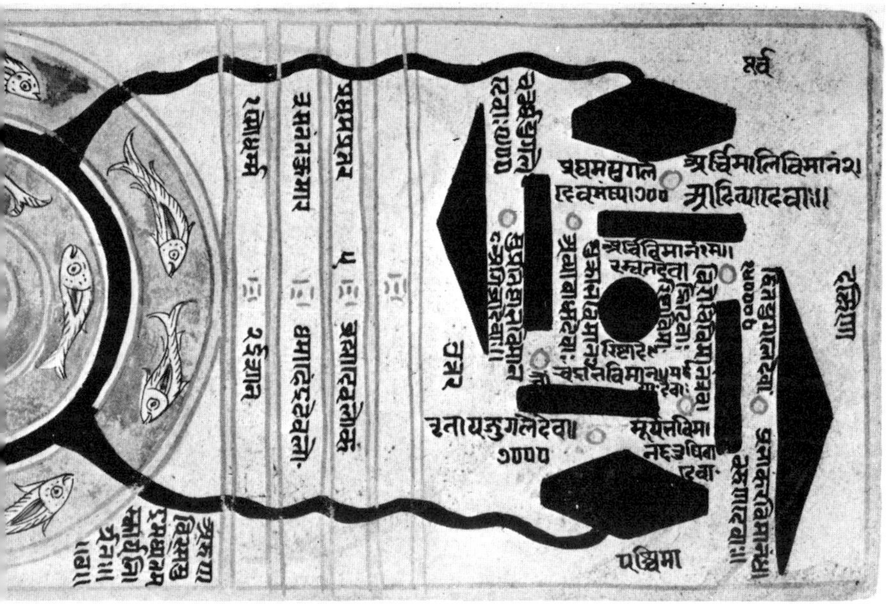

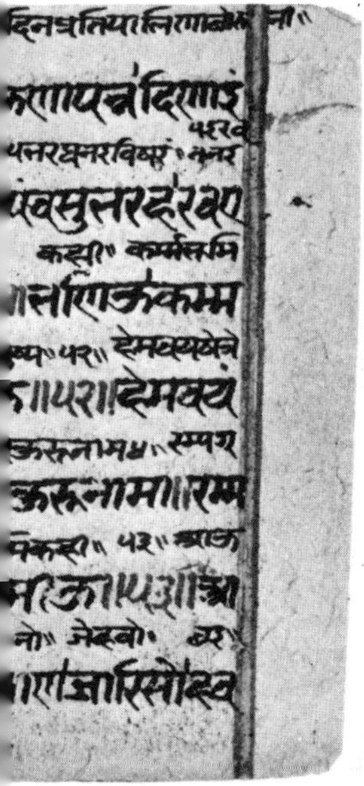

56 Diagramm aus einem Dschaina-Manuskript, das darstellt, wie die Dimension Zeit die ersten Abtrennungen von Materie und Raum durchdringt. Radschastan, 18. Jh. Tinte und Farbe auf Papier 10 × 25 cm. Ajit Mookerjee, Neu-Delhi.

58 Dschaina-Diagramm innerhalb einer Textseite, das eine ›Seitenansicht‹ der Welt darstellt, mit Umhüllungen zunehmender Dichte zur Mitte hin, wo sich der Berg Meru befindet. Das äußere Viereck deutet die Region sich bewegenden Äthers an. Gudscharat, 16. Jh. Tinte auf Papier 10 × 25 cm. Ajit Mookerjee, Neu-Delhi.

57 Diagramm mit der Darstellung der richtungsmäßigen Anordnung der Welten und Himmel, wie sie sich im ›kosmischen Ei‹ bilden und von ihm abspalten. Radschastan, 18. Jh. Tinte und Farbe auf Papier 12,5 × 25 cm. Ajit Mookerjee, Neu-Delhi.

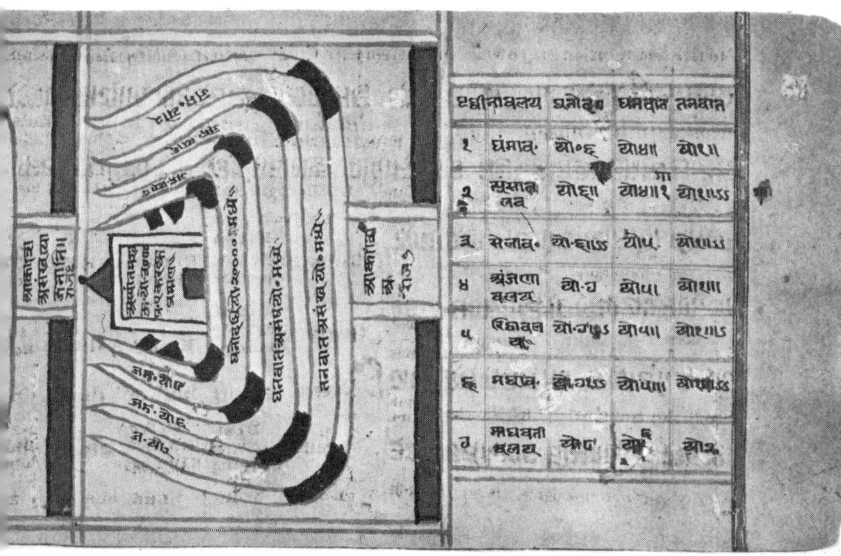

59 Der ›Baum der Zeitalter‹, eine Buchillustration. Radschastan, 18. Jh. Guasch auf Papier 22,5 × 15 cm. Ajit Mookerjee, Neu-Delhi.

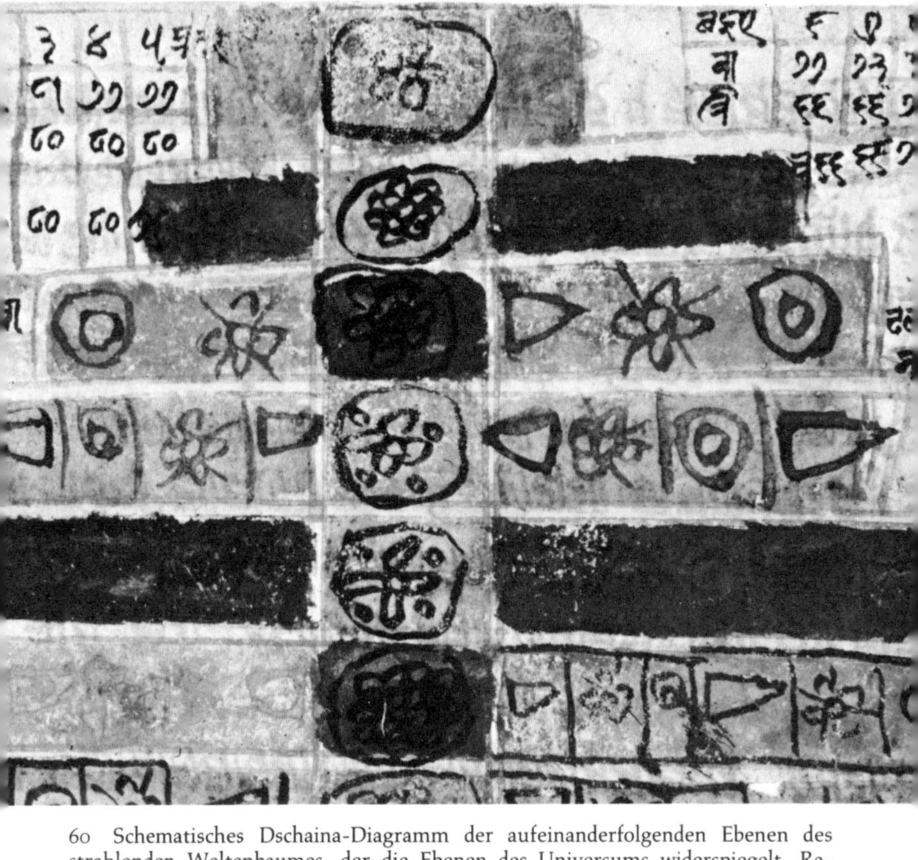

60 Schematisches Dschaina-Diagramm der aufeinanderfolgenden Ebenen des strahlenden Weltenbaumes, der die Ebenen des Universums widerspiegelt. Radschastan, 18. Jh. Tinte und Farbe auf Papier 10 × 15 cm. Ajit Mookerjee, Neu-Delhi.

61 Die Bedeutung des Mondes als Zeitmesser für die Welt. Radschastan, 18. Jh. Tinte und Farbe auf Papier 12,5 × 10 cm.

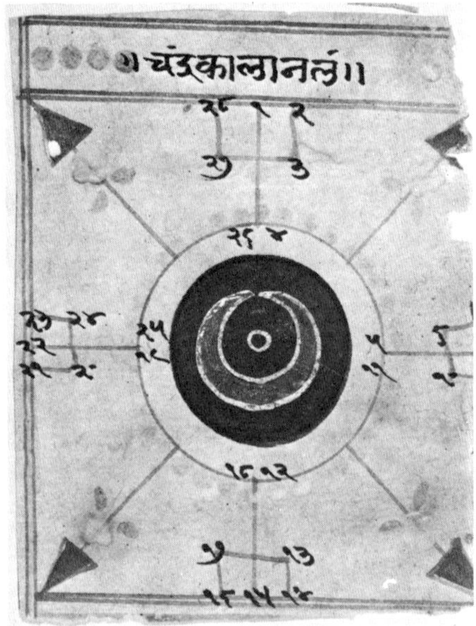

62 Diagramm der Beziehungen zwischen Sonne und Mond als Zeitmesser für die Welt. Radschastan, 18. Jh. Tinte und Farbe auf Papier 10 × 10 cm.

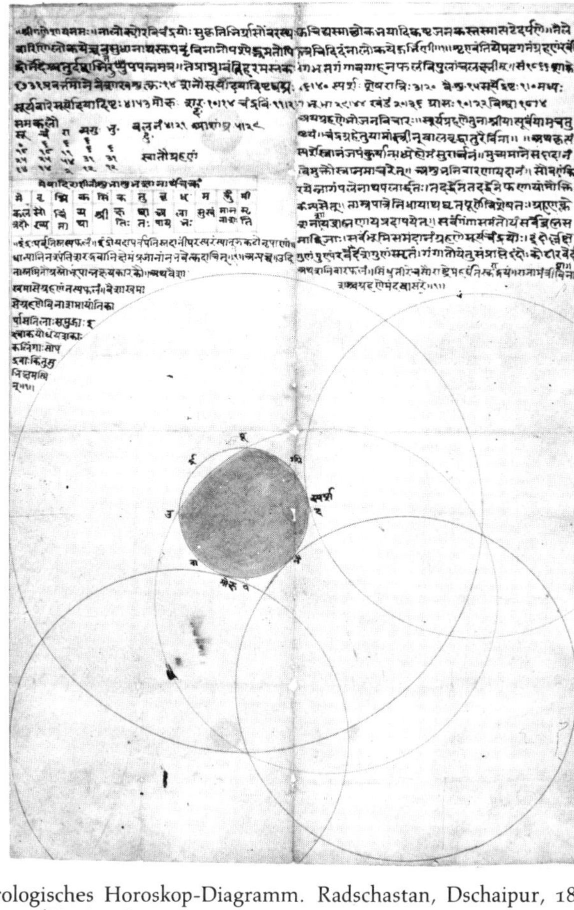

63 Astrologisches Horoskop-Diagramm. Radschastan, Dschaipur, 18. Jh. Tinte und Farbe auf Papier 60 × 32,5 cm.

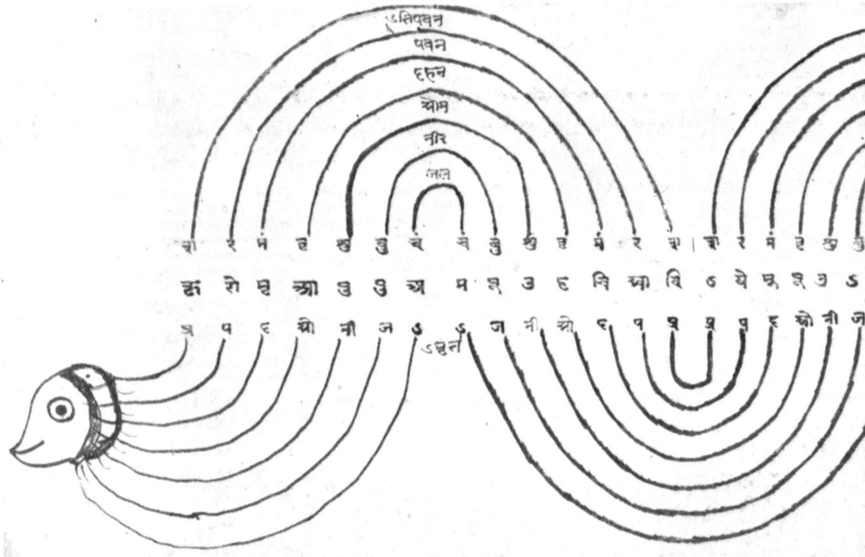

66 Globus der sich entfaltenden Welt. Orissa, 19. Jh. Lakkiertes Papiermaché, Durchmesser 17,5 cm.

64 Die ewige Wiederkehr des siebenfach geteilten Universums als ein kosmischer Strom der Zeit und Wirklichkeit. Aus einem Dschaina-Manuskript. Radschastan, 19. Jh. Tinte auf Papier 10 × 25 cm. Alle vier Stücke Ajit Mookerjee, Neu-Delhi.

65 Astrolabium, für die Berechnung der Konstellationen der Gestirne. Westindien, 18. Jh. Messing, Durchmesser 22,5 cm. Victoria-und-Albert-Museum, London.

67 Die ausdehnende und zusammenziehende Funktion der lunaren Zeit-Zyklen. Radschastan, 18. Jh. Guasch auf Papier 30 × 20 cm.

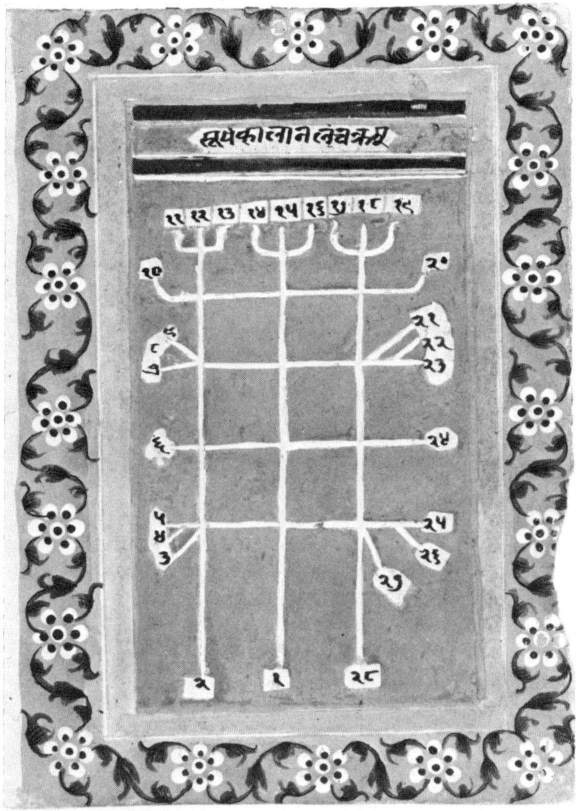

68 Die ›Eigenschaften‹ der Tage des Mond-Monats, in Beziehung gesetzt zu einem Gitter aus schiwaitischen Symbolen. Wie 67, beide Stücke Ajit Mookerjee, Neu-Delhi.

VI Der ›Fein-Körper‹

Die Hauptlehre des Tantrismus besagt, daß die äußere Welt um uns herum, wie sie die Diagramme darstellen, eine irreführende Projektion unseres eigenen Inneren ist. Und auch die Menschen unterscheiden sich nicht voneinander, wie sie es annehmen. Jeder Mensch, der tantrischen Yoga ausübt, kann entdecken, daß die zentrale Achse der umliegenden Welt identisch ist mit seiner eigenen ›Fein-Wirbelsäule‹. Bei angespannter Versenkung nach innen wird er weiter feststellen, daß die Welt, die um ihn herum erscheint, auf ein blumenähnliches Mandala an der Basis seiner Wirbelsäule zurückgeführt werden kann. Seine eigene innere kreative Göttin, die ihm wie eine leuchtende Schlange (Kundalini) erscheint, schläft, um ein Lingam gewunden, in der Mitte dieses Mandala. Durch Yoga kann er sie aufwecken, und indem sie durch eine Reihe weiterer innerer Mandalas hindurchgeht, steigt sie durch den Hauptkanal seiner ›Fein-Wirbelsäule‹ empor. Die inneren Mandalas, Tschakras genannt, gipfeln in der ›tausendblättrigen Blume‹ an der obersten Stelle des Kopfes, wo männliches und weibliches Prinzip sich in Seligkeit vereinigen; das Transzendente, das Menschliche und das Kosmische werden eins.

Das buddhistische Tantra kennt eine ähnliche, aber nicht identische Reihe Tschakras wie das hinduistische Tantra, in denen personifizierte geistige Energien erlebt, umgeformt und miteinander vereinigt werden. Viele Gestalten sind mit den Energien des Zornes und der Wut angefüllt und von Feuer- und Rauchglorien umgeben. Im buddhistischen Tantra wird die kosmische Person, die die Energien erfolgreich integriert hat, durch das höchste, friedvolle goldene Paar im Zentrum des Mandala der Erfüllung symbolisiert.

69 Meditationsteppich mit den eingewebten Symbolen der Ur-Regionen. Himalaya (?). Wolle 175 × 147,5 cm. Eskenazi Ltd., London.

70 Yogi. Madhya Pradesch, 13. Jh. Stein, Höhe 17,5 cm. Ajit Mookerjee, Neu-Delhi.

71 Tantrischer Yogi in Benares, fotografiert von Richard Lannoy zwischen 1958 und 1960.

73

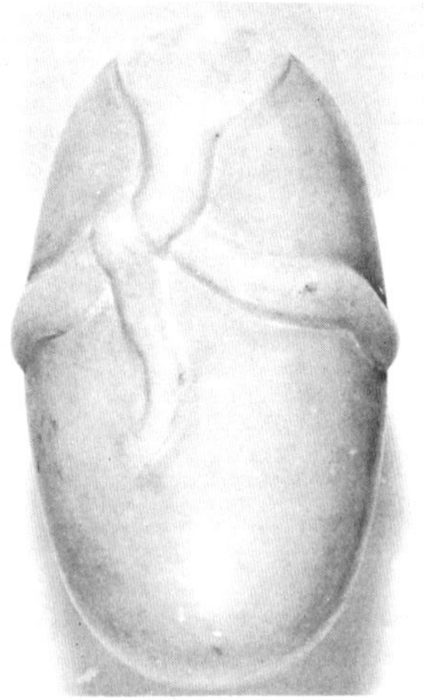

72

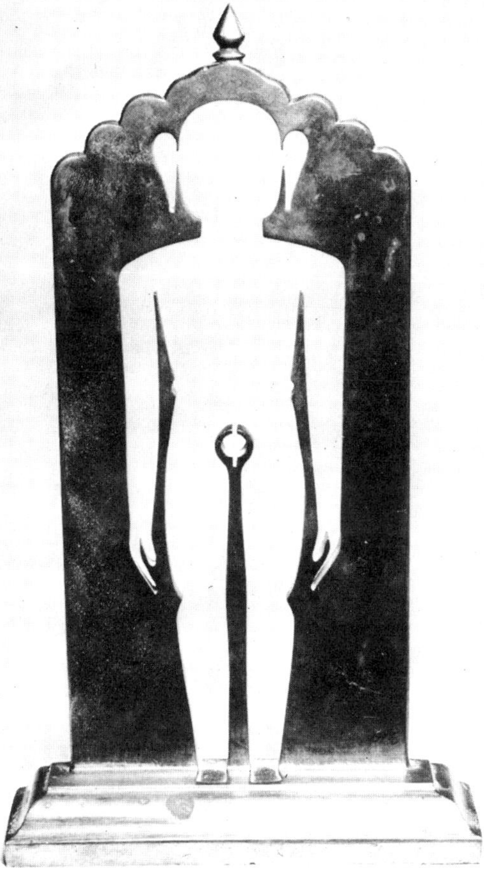

74 Dschaina-Bild des erlösten Geistes. Radschastan, 18. Jh. Messing, Höhe 22,5 cm. Ajit Mookerjee, Neu-Delhi.

72 Die Schlange Kundalini, um ein Lingam gewunden. Benares. Stein, Höhe 17,5 cm. Ajit Mookerjee, Neu-Delhi.

73 Stupa, Symbol des ›Fein-Körpers‹. Nalanda-Schule, 12. Jh. Bronze mit Türkisen, Höhe 17,5 cm. John Dugger und David Medalla, London.

75 Formel, die den Geist zur Befreiung emporführt. Radschastan, 18. Jh. Guasch auf Tuch 55 × 25 cm. Ajit Mookerjee, Neu-Delhi.

76 Bänder fortschreitend dichterer Materie bewegen sich vom äußeren Raum in das Universum. Radschastan, ca. 1800. Guasch auf Tuch 25 × 12,5 cm. Ajit Mookerjee, Neu-Delhi.

77 Dschaina-Diagramm der Zeiten und Regionen, durch die das Selbst hindurch muß, um erlöst zu werden. Radschastan, 18. Jh. Guasch auf Tuch 190 × 80 cm. Ajit Mookerjee, Neu-Delhi.

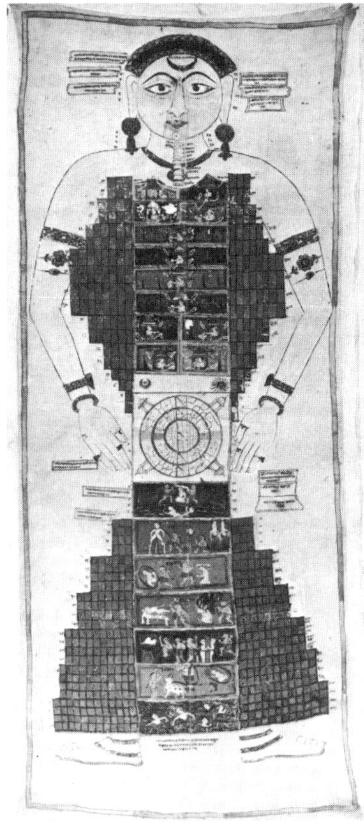

78–80 Drei von sieben Bildern, mit der Reihe der meditativen Tschakras. Radschastan, 18. Jh. Guasch auf Papier 40 × 27,5 cm. Ajit Mookerjee, Neu-Delhi.

79

80

81 Malerei mit der Darstellung der geistigen Region der Erleuchtung oberhalb des Scheitels des Kopfes. Radschastan, 18. Jh. Guasch auf Papier 17,5 × 15 cm. Ajit Mookerjee, Neu-Delhi.

82 Simurgh, der Vogel der Erkenntnis, hält neun Elefanten fest, die die niederen Bestandteile des geteilten Selbst darstellen. Guasch auf Papier 25 × 30 cm. Ajit Mookerjee, Neu-Delhi.

84 Die schreckenerregende Gottheit Samwara, die vierundsiebzig Arme hat, mit ihrer weiblichen Weisheit. Nepal, 17. Jh. Guasch auf Tuch 60 × 47,5 cm. Ajit Mookerjee, Neu-Delhi.

83 Die furchterregende Gottheit Yamantaka (›Zerstörer des Todes‹) mit ihrer Gemahlin. Aus einem Manuskript. Nepal, 18. Jh. Guasch auf Papier 7,5 × 17,5 cm. Ajit Mookerjee, Neu-Delhi.

85 Hewadschra mit seiner weiblichen Weisheit Nairatmya (Selbst-Auslöschung). Tibet, 16. Jh. Bronze, Höhe 22,5 cm. Ajit Mookerjee, Neu-Delhi.

86

87

86–87 Mandala-Tankas (aus einer Serie von sieben Stück). Tibet, 1800. Guasch auf Tuch 70 × 47,5 cm. John Dugger und David Medalla, London.

88 Malerei mit Händen in den Farben der fünf Elemente, die Schädelschalen halten. Dies symbolisiert die Verwandlung. Nepal, 18. Jh. Guasch auf Tuch 10 × 20 cm. Ajit Mookerjee, Neu-Delhi.

89 Ein tierköpfiger Devata tanzt während der Vereinigung mit seiner weiblichen Weisheit. Tibet, 17. Jh. Vergoldete Bronze, Höhe 25 cm. Victoria-und-Albert-Museum, London.

VII Meditative Diagramme

Yantras sind die wichtigsten visuellen Hilfsmittel, die im tantrischen Kult verwendet werden. Unter ihnen findet man Diagramme, in denen sich Energien konzentrieren – visuelle Parallelen zu den verbalen Mantras. Sie sammeln die Energien des Meditierenden und richten seine vorangegangenen Bemühungen und sein Wissen auf ein einzelnes göttliches, vollkommen unpersönliches Bild. Die meisten sind Mandalas; und oft werden sie in sich steigernden Serien benutzt. Das wichtigste aller Yantras ist das große Schri-Yantra, das sich aus neun einander durchdringenden Dreiecken zusammensetzt, Symbol des Männlichen und des Weiblichen, die Reihen anderer Dreiecke hervorbringen (vgl. Tafel 1). Es stellt ein verdichtetes Bild der gesamten Schöpfung dar.

90 Om-Yantra. Radschastan, 18. Jh. Guasch auf Tuch 52,5 × 55 cm. Ajit Mookerjee, Neu-Delhi.

91 Schri-Yantra. Radschastan, 18. Jh. Bronze, Höhe 5 cm. Ajit Mookerjee, Neu-Delhi.

92 Kali-Yantra. Radschastan, 18. Jh. Guasch auf Papier 17,5 × 17,5 cm. Ajit Mookerjee, Neu-Delhi.

93

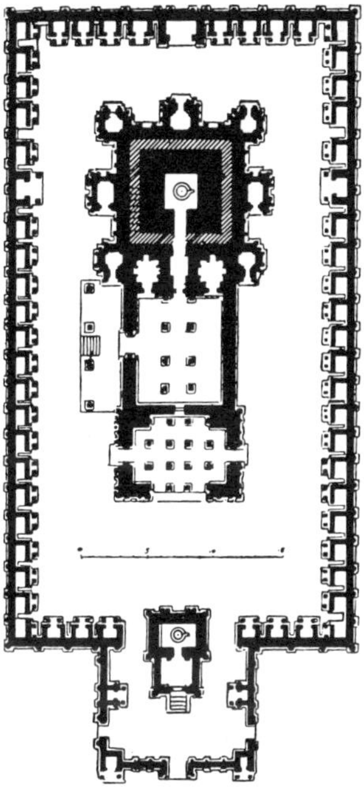

94

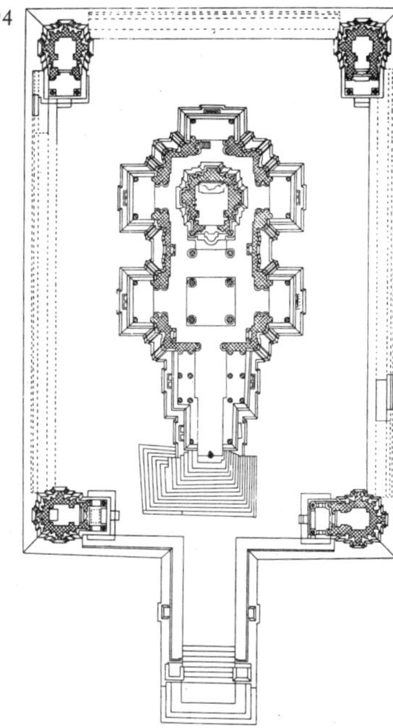

95

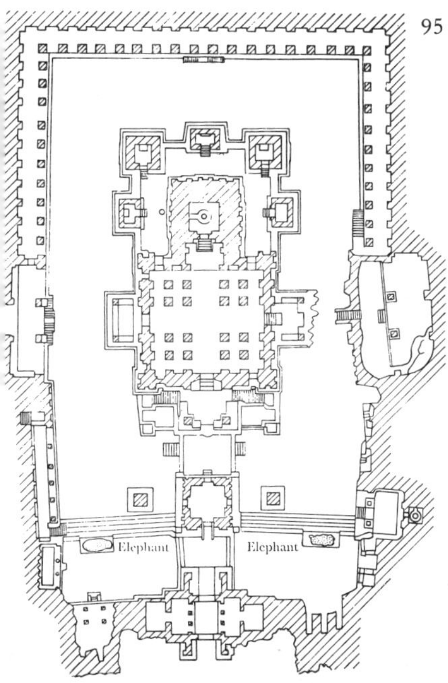

93–95 Grundrisse indischer Tempel, selbst Yantras.

96 Yantra. Radschastan, 17. Jh. Kupferplatte 35 × 35 cm.

98 Wadschra-Emblem, auf lotusartigem Untergestell. Nepal, 15. Jh. Vergoldete Bronze, Höhe 10 cm. John Dugger und David Medalla, London.

97 Hindu-Yantra, ein Stupa-Motiv, von vier Löwen getragen. Nepal, 18. Jh. Bronze, Höhe 15 cm. John Dugger und David Medalla, London.

99 Schri-Yantra. Radschastan, 18. Jh. Guasch auf Papier 20 × 20 cm. Ajit Mookerjee, Neu-Delhi.

100 Bhuwaneschwari-Yantra. Radschastan, 18. Jh. Guasch auf Papier 32,5 × 27,5 cm. Ajit Mookerjee, Neu-Delhi.

101 Kleine buddhistische Yantra-Devise. Tibet, 19. Jh. Malerei auf Tuch 10 × 10 cm. John Dugger und David Medalla, London.

102 Lingam, mit eingraviertem Schri-Yantra, wahrscheinlich als Initiationsinstrument für weibliche Tantrikas verwendet. Radschastan, 17. Jh. Bergkristall, Höhe 7,5 cm. Ajit Mookerjee, Neu-Delhi.

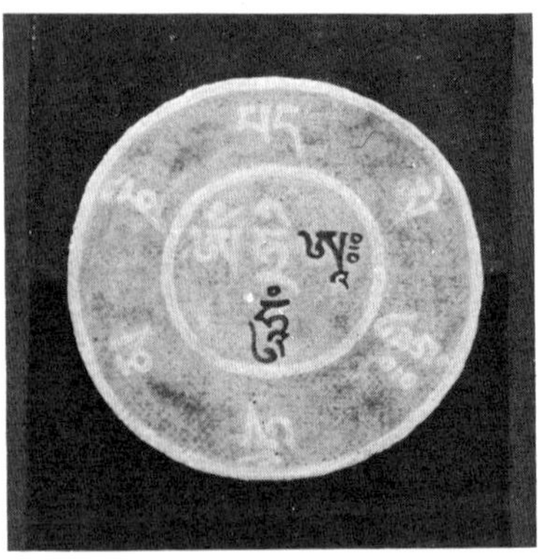

101

102

103 Phur-bu, ein tibetischer Ritual-Dolch, der die Macht des Mantra Hum verkörpert. Tibet, 18. Jh. Bronze, Länge 47,5 cm. Gulbenkian-Museum für Orientalische Kunst, Durham.

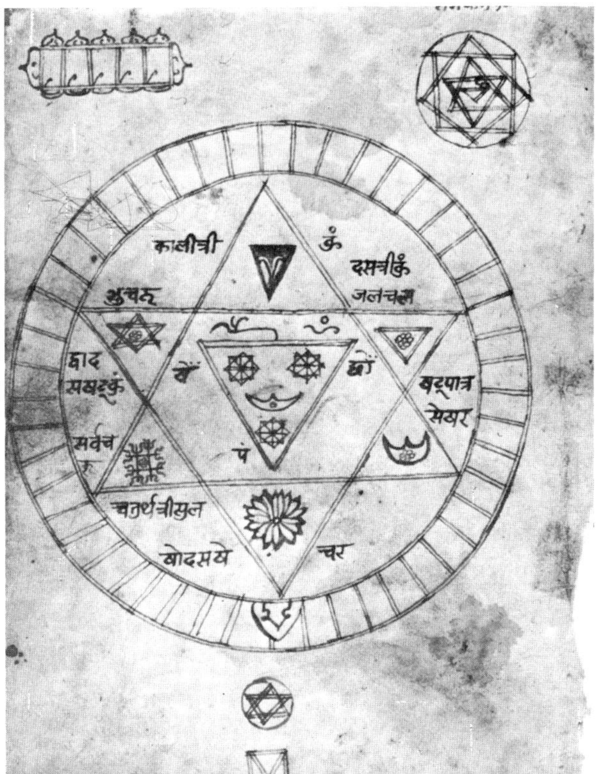

104 Meditatives Diagramm. Nepal (?). Tinte auf Papier 22,5 × 20 cm. John Dugger und David Medalla, London.

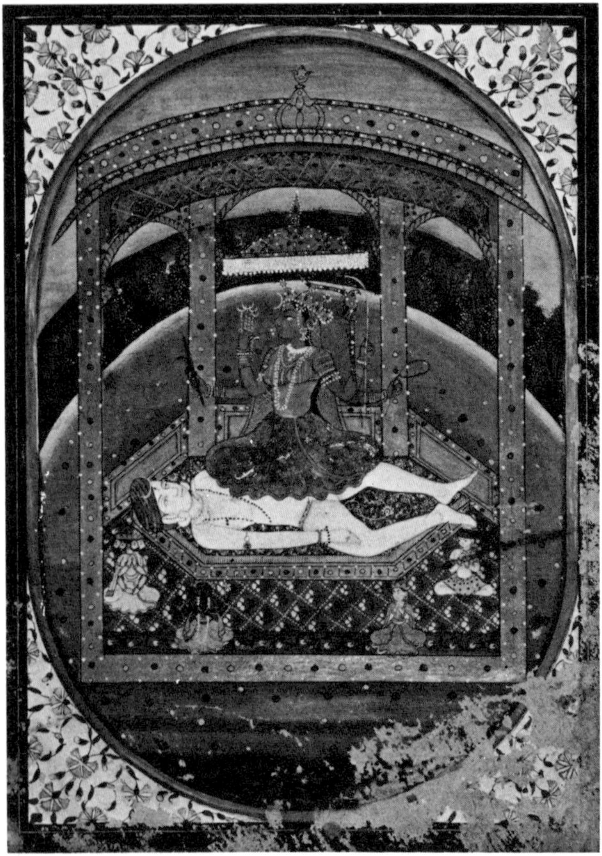

105 Bild einer Mahawidya. Kangra, Himatschal Pradesch, 18. Jh. Guasch auf Papier 17,5 × 12,5 cm. Ajit Mookerjee, Neu-Delhi.

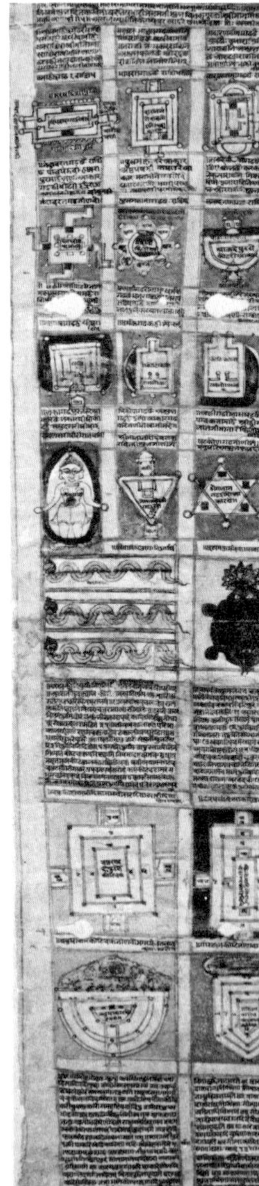

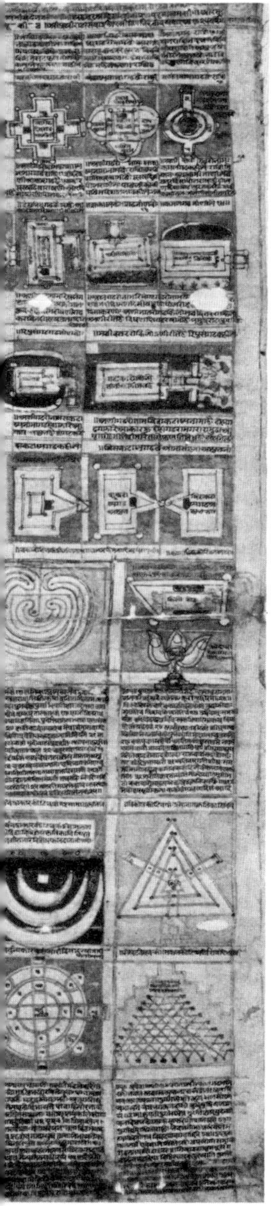

107 Einer von fünfzehn Yantras des Schöpfungsprozesses. Radschastan, 19. Jh. Tinte und Farbe auf Papier 27,5 × 17,5 cm. Ajit Mookerjee, Neu-Delhi.

106 Blatt mit Yantras, die die Organe und Funktionen des Schöpfungsprozesses der Welt darstellen. Radschastan, 1769. Tinte und Farbe auf Papier 107,5 × 50 cm. Ajit Mookerjee, Neu-Delhi.

VIII Die Annäherung an die Einheit

Der Schöpfungsakt des göttlichen Brahman, der sich in den Kreisläufen von Raum und Zeit entfaltet, kann durch die einzelnen Stadien bis zu einer ursprünglichen Teilung in zwei zurückverfolgt werden. Diese Zweiheit wird symbolisiert durch Männlich und Weiblich, dargestellt wird sie bei einem anthropomorphen Bild der Gottheit durch eine Teilung entlang der Achse in eine männliche und weibliche Hälfte. Eine andere, parallele Vorstellung stellt das Universum dar, wie es sich aus dem kosmischen Ei entwickelt, indem sich Bänder und Regionen bilden, die ersten Stufen immer stärker unterteilter Seinsformen.

Die Symbole für das Unvorstellbare mögen trügerisch einfach erscheinen. Das kosmische Ei und das ›aus sich selbst entstandene‹ Lingam ›ohne Standfläche‹ gleichen einander. Der Symbolismus von Rot und Weiß, von Weiblich und Männlich verschmelzen in ihm. In den Blitzen, die auf der Oberfläche des Lingam-Eies erscheinen, offenbart sich der gesamte Kosmos vor seiner Entfaltung, eine unendlich weit zurückliegende Seinsstufe. Kleine Steine mit farbiger Zeichnung und Kiesel, die Ammoniten enthalten – man hat sie angebohrt, um an die Einschlüsse heranzukommen –, sind Symbole dessen, das alles enthält. Der Weise, so sagt man, überblickt den strahlenden Glanz des Ur-Anfangs ohne Worte. Der Inder glaubt, daß der Mantra Om diesen Urzustand in sich trägt.

Die esoterischste Vorstellung führt die Schöpfung auf eine Ur-Schwingung zurück, auf etwas, was wir ›Laut‹ nennen müssen. Aus ihm entwickelt sich die Vielfalt alles Gegenwärtigen als Wellen- und Interferenzmuster. Indische und tibetische Kunst stellen diese Ur-Schwingung durch eine Trompete aus einem Schneckengehäuse oder eine Doppeltrommel dar. Sie sind beides, Ursprung der Welt und Ziel aller Bemühungen eines Tantrika.

108 Die höchste Gottheit, Schiwa und Parwati, halb Mann, halb Frau. Madras, 11. Jh. Bronze, Höhe 115 cm.

109 Die höchste Gottheit, Schiwa und Kali. Kalighat, Kalkutta, 19. Jh. Wasserfarbe auf Papier 37,5 × 25 cm. Ajit Mookerjee, Neu-Delhi.

110 Hari-Hara (Wischnu und Schiwa), Schöpfer und Zerstörer. Zwei männliche Götter verbunden. Dschammu-Kaschmir, 17. Jh. Guasch auf Papier 17,5 × 17,5 cm. Ajit Mookerjee, Neu-Delhi.

111 Malerei, die die Trennung von Atomen aus den Wassern der Nicht-Wesenheit darstellt. Dschinistische Vorstellung. Radschastan, 18. Jh. Guasch auf Papier 25 × 10 cm. Ajit Mookerjee, Neu-Delhi.

112 Kosmisches Ei oder ›aus sich selbst entstandenes‹ Lingam. Benares, Alter unbekannt. Stein, Höhe 12,5 cm. Ajit Mookerjee, Neu-Delhi.

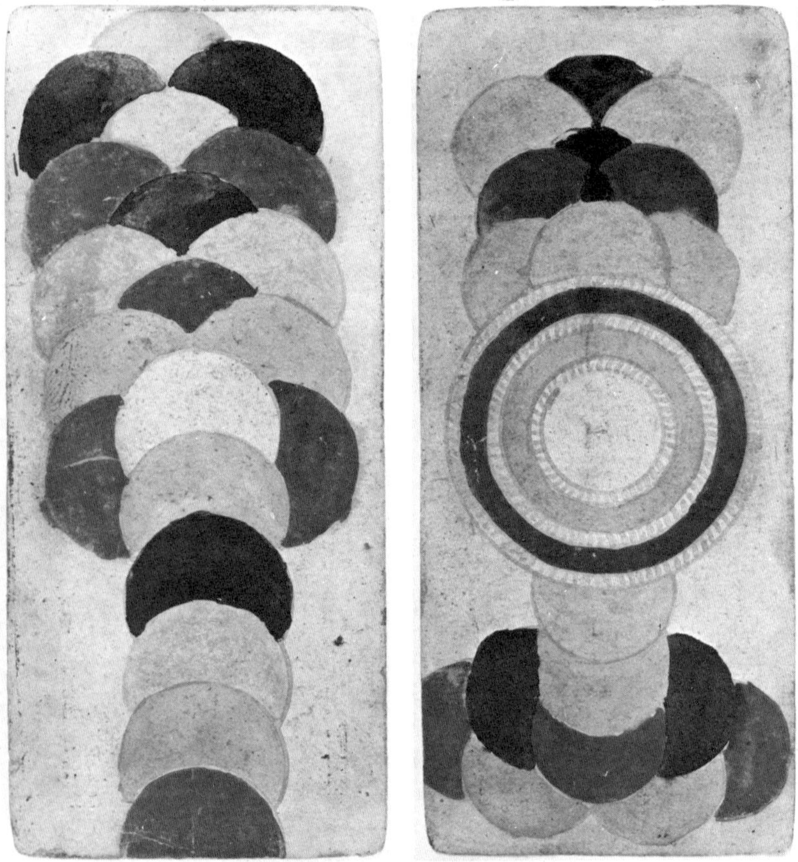

113–114 Seiten aus einem Manuskript, die den Evolutionsprozeß des Universums darstellen. Westindien, ca. 1700. Guasch auf Papier 25 × 12,5 cm. Ajit Mookerjee, Neu-Delhi.

115 Druckstock zum Bedrucken von rituellen Textilien. Gudscharat, 18. Jh. Metall auf Holz 12,5 × 15 cm. Ajit Mookerjee, Neu-Delhi.

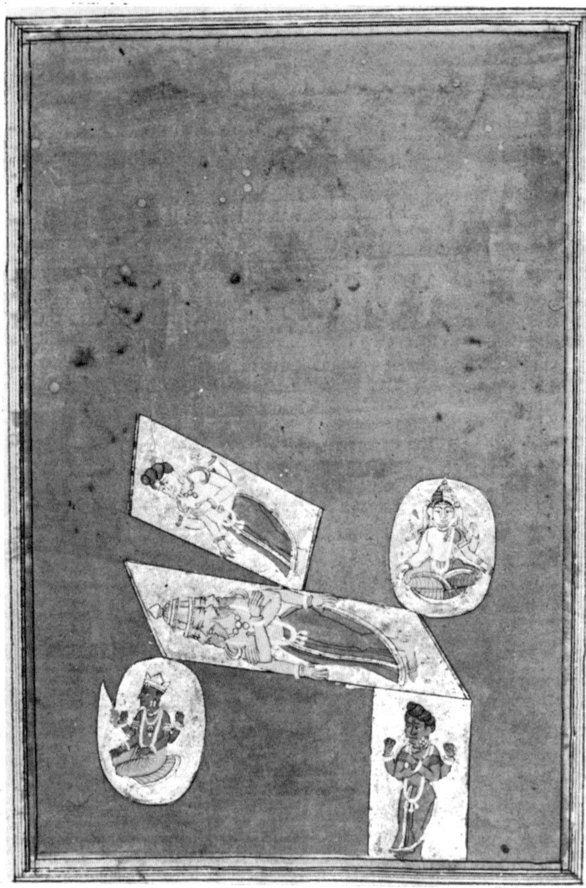

116 Malerei mit der stilisierten Form der Silbe Om und den in ihr wohnenden Gottheiten. Aus einem Buch. Radschastan, 18. Jh. Guasch auf Papier 22,5 × 15 cm. Ajit Mookerjee, Neu-Delhi.

117 Das Ur-Licht. Dekkan, 18. Jh. Guasch und Gold auf Papier 27,5 × 17,5 cm. Ajit Mookerjee, Neu-Delhi.

118 Kosmische Sonne. Tanjore, 18. Jh. Bemaltes Holz, Höhe 30 cm. Ajit Mookerjee, Neu-Delhi.

119 Schiwa als die Gottheit des Lingam. Radschastan, 17. Jh. Messing, Höhe 32,5 cm. Ajit Mookerjee, Neu-Delhi.

120 Heiliger Stein mit Ammoniten, angebohrt. Alter und Herkunft unbekannt. Stein, Länge 15 cm. Ajit Mookerjee, Neu-Delhi.

121 Trompete aus einer Schnecke. 19. Jh. Länge 15 cm. Privatsammlung.

122 Emblem des Glorie ausstrahlenden Schneckengehäuses. Südindien, 16. Jh. Vergoldete Bronze, Höhe 27,5 cm. Ajit Mookerjee, Neu-Delhi.

Danksagung

Folgenden Personen und Institutionen sei für die Erlaubnis gedankt, die auf den Tafeln abgebildeten Objekte wiedergeben zu dürfen:
Jean Claude Ciancimino, London 4, 5, 9, 23, 43, 52, 56, 60
John Dugger und David Medalla, London 1, 61
Sven Gahlin, London 19, 29, 38, 46, 49, 53
Gallery ›43‹, London 2, 64
Philip Goldman, London 13, 16, 41
Gulbenkian-Museum, Durham 68
Alistair McAlpine, London 42
Ajit Mookerjee, Neu-Delhi 6–8, 10, 12, 14, 17, 18, 20–22, 28, 30–35, 37, 39, 40, 47, 48, 50, 51, 54, 55, 57, 59, 63, 67
Oriental Institute, Baroda 24–27
Victoria-und-Albert-Museum, London 15, 45, 58, 65, 66

Fotonachweis

Werner Forman 2, 13, 41, 64
Richard Lannoy *Dokumentarische Abbildung* 70
Jeff Teasdale 6, 7, 10, 12, 14, 16, 17, 20, 21, 24–28, 31–35, 39, 40, 46, 47, 50, 51, 54, 55, 57–59, 62, 63, 66, 67. *Dokumentarische Abbildungen* alle außer 70
John Webb (Brompton Studios) 1, 9, 15, 18, 19, 22, 23, 29, 30, 37, 38, 42, 45, 48, 49, 53, 61, 65, 68